A BOA LUTA

Os desafios de ser um líder responsável em um mundo instável

Joseph L. Badaracco

A BOA LUTA

Os desafios de ser um líder responsável em um mundo instável

Joseph L. Badaracco

Tradução de Sabine Alexandra Holler

Do original: *The Good Struggle*
Tradução autorizada do idioma inglês da edição publicada por Harvard Business Review Press
Copyright © 2013, by Harvard Business School Publishing Corporation

© 2014, Elsevier Editora Ltda.

Todos os direitos reservados e protegidos pela Lei nº 9.610, de 19/02/1998.
Nenhuma parte deste livro, sem autorização prévia por escrito da editora, poderá ser reproduzida ou transmitida sejam quais forem os meios empregados: eletrônicos, mecânicos, fotográficos, gravação ou quaisquer outros.

Copidesque: Christiane Simyss
Revisão: Marco Antonio Corrêa
Editoração Eletrônica: Estúdio Castellani

Elsevier Editora Ltda.
Conhecimento sem Fronteiras
Rua Sete de Setembro, 111 – 16º andar
20050-006 – Centro – Rio de Janeiro – RJ – Brasil

Rua Quintana, 753 – 8º andar
04569-011 – Brooklin – São Paulo – SP – Brasil

Serviço de Atendimento ao Cliente
0800-0265340
atendimento1@elsevier.com

ISBN 978-85-352-7323-6
ISBN (versão digital): 978-85-352-7324-3
Edição original: ISBN: 978-1-4221-9164-4

Nota: Muito zelo e técnica foram empregados na edição desta obra. No entanto, podem ocorrer erros de digitação, impressão ou dúvida conceitual. Em qualquer das hipóteses, solicitamos a comunicação ao nosso Serviço de Atendimento ao Cliente, para que possamos esclarecer ou encaminhar a questão.

Nem a editora nem o autor assumem qualquer responsabilidade por eventuais danos ou perdas a pessoas ou bens, originados do uso desta publicação.

CIP-Brasil. Catalogação na Publicação
Sindicato Nacional dos Editores de Livros, RJ

B124b   Badaracco, Joseph L.
           A boa luta: os desafios de ser um líder responsável em um mundo instável / Joseph L. Badaracco; tradução Sabine Alexandra Holler. – 1. ed. – Rio de Janeiro: Elsevier, 2014.
           23 cm.

           Tradução de: The good struggle responsibile leadership in na unforgiving world
              ISBN 978-85-352-7323-6

            1. Liderança. 2. Liderança – Aspectos morais e éticos. I. Título.

14-10435   CDD: 658.4092
                                                       CDU: 65:316.46

Para meus colegas.

Necessidade e luta são o que nos estimula e inspira.
William James

*O que você levou anos para construir, alguém
pode destruir de uma hora para outra.
Construa assim mesmo.*
Madre Teresa de Calcutá

AGRADECIMENTOS

Este pequeno livro surgiu depois de um longo esforço – em muitos aspectos, uma luta – que se estendeu por cinco anos. Sou profundamente grato a muitos de meus colegas e a outras pessoas por suas sugestões e apoio neste caminho. Alguns contribuíram diretamente para meu esforço de compreender os empreendedores e seu trabalho. Sou especialmente grato a Lynda Applegate, Tom Eisenmann, Shikhar Ghosh, Richard Hamermesh, Bruce Harreld, Bob Higgins, Joe Lassiter, Mike Roberts e Noam Wasserman. Além disso, ao longo deste projeto, tive várias longas e preciosas conversas com Howard Stevenson e Bill Sahlman, que há décadas influenciam o pensamento e várias obras sobre empreendedorismo, e ambos leram as primeiras versões do manuscrito.

Também gostaria de agradecer a alguns empreendedores pela disposição para responder às perguntas que tratavam de dificuldades e até mesmo de fracassos, em vez de versarem sobre o sucesso. Entre eles, Jeff Bussgang, Janet Kraus, Christopher Michel, Gary Mueller, Gary Rogers e Jim Sharpe. Também gostaria de agradecer aos outros empreendedores que entrevistei confidencialmente. Sou grato a vários amigos e colegas por suas contribuições para este livro, que geralmente envolveram a leitura de longos, incipientes e desajeitados rascunhos. Seus comentários, críticas e sugestões foram muito valiosos. Sou especialmente grato a David Garvin, Joshua Margolis, Lynn Paine, Bob Pozen, Clayton Rose e Sandra Sucher. Minhas filhas, Maria, Luisa e Gabriella, e meu genro, Lee Lockwood, também deram várias e preciosas sugestões, assim como Michael Duffy. Minha editora, Melinda Adams Merino, forneceu orientações práticas e perspicazes desde as primeiras fases do projeto. Finalmente, três revisores anônimos, escolhidos pela Harvard Business Review Press, leram uma versão do manuscrito com grande cuidado e discernimento, e me empenhei para ser sensível às suas críticas.

Tenho uma dívida especial de gratidão com outras duas pessoas. Meu amigo Ken Winston foi muito além do dever e da lealdade e leu várias versões do livro ao longo de vários anos, formulou muitas perguntas difíceis sobre o que eu estava realmente tentando transmitir e fez valiosas sugestões sobre como elaborar as ideias e argumentos. Para concluir, durante muitos anos, minha esposa, Patricia O'Brien, escutou com paciência minhas ideias sobre este livro e leu várias versões, me fornecendo incentivo, críticas, sugestões, correções e muitas ideias úteis, formuladas com clareza e concisão, que contribuíram imensamente para o projeto.

A Harvard Business School também merece boa parte do crédito. Seus generosos ex-alunos, em especial John Shad, dedicaram o tempo e os recursos que possibilitaram este trabalho. Durante vários anos, pude colocar em práticas algumas das ideias contidas neste livro em salas de aula de cursos de MBA e para executivos e também em contextos informais. Deans Jay Light e Nitin Nohria estão à frente da Division of Research da HBS e me ajudaram a encontrar tempo para levar o projeto adiante, e dois assistentes, Andi Truax e Sean Curran, contribuíram de inúmeras maneiras para concretizar o projeto.

Apesar dos generosos e atenciosos esforços de todos que mencionei, este livro certamente contém erros, pequenos e grandes, e são todos de minha responsabilidade.

O AUTOR

JOSEPH BADARACCO é professor de Ética Empresarial na cátedra John Shad, da Harvard Business School, e leciona nos programas de MBA e de educação executiva. É autor de vários livros sobre liderança, tomada de decisão e responsabilidade, entre eles, *Defining Moments: When Managers Must Choose between Right and Right*, *Leading Quietly: An Unorthodox Guide to Doing the Right Thing* e *Uma questão de caráter* (Rocco, 2008), traduzidos em 10 idiomas. É formado pela St. Louis University e Oxford University, onde foi bolsista Rhodes, e pela Harvard Business School, onde obteve um MBA (Master of Business Administration) e um DBA (Doctor of Business Administration).

SUMÁRIO

CAPÍTULO 1
Perguntas permanentes, respostas emergentes   3

CAPÍTULO 2
Estou realmente lidando com os fundamentos?   21

CAPÍTULO 3
Quais são, de fato, minhas responsabilidades?   45

CAPÍTULO 4
Como tomo decisões críticas?   69

CAPÍTULO 5
Nossos valores essenciais estão corretos?   93

CAPÍTULO 6
Por que escolhi esta vida?   121

Histórico da pesquisa   139

Notas   145

Índice   159

A BOA LUTA

CAPÍTULO 1

PERGUNTAS PERMANENTES, RESPOSTAS EMERGENTES

Em setembro de 1961, um pequeno avião caiu no Congo, matando um diplomata sueco chamado Dag Hammarskjöld – um dos líderes mais notáveis, mas pouco conhecido, do século XX. Hammarskjöld era um homem bonito, genial, bem relacionado, versado em muitos idiomas e culturas. Ele poderia ter trilhado uma confortável carreira no setor bancário, no governo ou no mundo acadêmico. Em vez disso, tornou-se diplomata e o primeiro Secretário-Geral das Nações Unidas. A ambiciosa missão dessa organização sem precedentes era impedir outra guerra mundial e aliviar o sofrimento em todo o mundo. Hammarskjöld estava em uma perigosa missão de paz quando faleceu e, posteriormente, foi saudado pelo Presidente Kennedy como o maior estadista de seu século.

A outra realização de Hammarskjöld foi profundamente pessoal: escreveu um diário com relatos de inacreditável sinceridade sobre sua vida pessoal. O diário, mais tarde publicado sob o título de *Markings*, não dá praticamente qualquer indicação de que o autor era um líder bem-sucedido, confiante e realizado. Pelo contrário, é uma narrativa de luta e compromisso diante da profunda incerteza.[1] Creio que esse ponto de vista seja de enorme relevância hoje para a compreensão da liderança responsável e para liderar com responsabilidade.

Pode parecer uma perspectiva desanimadora. Ouvimos tantas vezes que a liderança está relacionada com esperanças e sonhos, com mudança e realização, então por que insistir na luta? A resposta está por todo lado. A luta sempre esteve associada a líderes que enfrentam crises ou forte resistência, mas, atualmente, a sensação de ansiedade e esforço vai muito além. Ela afeta todas as pessoas das organizações e dá o tom de grande parte de sua experiência. Vivemos em uma era de extraordinárias oportunidades para a inovação, criatividade e contribuição social, mas a incerteza, a intensa pressão por desempenho, o risco e a turbulência também nos rodeiam. A razão para as maravilhosas oportunidades e o generalizado sentimento de luta é a mesma: o mundo voltado para o mercado no qual vivemos e trabalhamos.

Os mercados hoje permeiam e moldam quase todas as esferas da vida. Praticamente tudo – como administramos as organizações e nossas vidas, como tomamos decisões no trabalho e em casa e até mesmo como pensamos sobre nós mesmos – é profundamente moldado pelos mercados e pelo pensamento com base neles,[2] que – com o progresso tecnológico e uma boa administração pública – ajudaram a tirar bilhões de pessoas da extrema pobreza. Eles forneceram um nível historicamente sem precedentes de riqueza material para as classes médias em todo o mundo. Mas os mercados também produziram depressões, choques, bolhas e convulsões que se ramificaram pela sociedade e corroeram antigos laços sociais que conferiam estabilidade e significado para muitas vidas. Os mercados, não a religião, o governo, a família ou uma ideologia, parecem ser a força mais dinâmica e poderosa do mundo.

Os mercados atuais levantam difíceis questões sobre o que significa liderar com responsabilidade. O que é liderança responsável quando os líderes enfrentam tanta incerteza, quando os empregos e as organizações parecem temporários e frágeis, quando as pressões pelo desempenho deixam todos concentrados nas métricas de curto prazo e quando os líderes não têm controle suficiente sobre as pessoas e as atividades para poderem cumprir compromissos de longo prazo? As responsabilidades dos líderes são reduzidas à medida que a compreensão e o controle sobre o futuro diminuem? Para líderes e organizações em circunstâncias extremamente competitivas, o manual sobre responsabilidade e ética talvez não contemple os valores humanos básicos, a sabedoria de respeitados executivos ou os princípios da filosofia moral, mas siga a observação, carregada de cansaço da vida, do dramaturgo e poeta alemão Bertolt Brecht: "Primeiro comida, então, a ética."[3] Este livro examina os desafios de um mundo orientado para o mercado sob uma perspectiva incomum – segundo a qual a luta é a ideia central – e oferece orientações práticas para enfrentá-los. A luta sempre fez parte da liderança, mas, normalmente, no sentido mais comum de que a liderança é, muitas vezes, um trabalho árduo e arriscado. Este livro é diferente porque lança um olhar muito mais atento para a luta e argumenta que os líderes agora enfrentam algumas recorrentes lutas críticas e que lutar bem é essencial para a liderança responsável e eficaz em um mundo de mercados estimulantes, perigosos, altamente competitivos e sempre em atividade.

O desafio hoje é ainda mais complexo porque o acelerado ritmo das mudanças em muitos mercados não só cria problemas seríssimos para os líderes como dificulta a busca de soluções, já que enfraquece as práticas e os indicadores mais comuns nos quais os líderes se basearam nas últimas décadas. Os conselhos de administração, regulações tradicionais, declarações de valores corporativos, debates clássicos sobre prestação de contas a stakeholders e acionistas, e mesmo princípios éticos conhecidos, têm se tornado menos relevantes e úteis. Essa situação gera desafios dificílimos para os profissionais que assumem com seriedade suas responsabilidades como líderes.

Lições de empreendedores

Este livro descreve esses desafios em detalhes, explica por que os enfrentamos, mostra por que eles vieram para ficar e oferece orientações práticas para os profissionais que querem liderar com êxito e de forma responsável sob essas condições. O livro se baseia, em parte, nas experiências e reflexões de empreendedores, na verdade, guias que já exploraram o mundo intensamente competitivo, muitas vezes incerto e, em geral, profundamente instável com o qual muitos outros gerentes têm se deparado. Um dos fundadores da FedEx disse que os primeiros anos na empresa foram como "conduzir um superpetroleiro a toda velocidade, por cima de um recife, com um quarto de polegada de folga".[4] Além disso, um mundo complexo, fluido, estimulante e perigoso requer um pensamento amplo, flexível e criativo, de modo que as orientações apresentadas aqui também se baseiam em uma variedade de estudos de caso, resultados de pesquisas, provocadoras analogias e polarizadoras ideias, bem como em antigas perspectivas filosóficas sobre a vida e o trabalho.

O produto desse ponto de vista é um impressionante apanhado sobre a liderança responsável. Ele afirma que os profissionais procuram posições de liderança e levam suas responsabilidades a sério, apesar das dificuldades envolvidas, e até mesmo *por causa* delas. Esses profissionais buscam "a boa luta", causa ou desafio que exige e merece os melhores esforços, testa de fato a competência e o caráter e contribui para uma vida profundamente valorizada. Essas pessoas podem muito bem não cumprir compromissos ou alcançar objetivos, porque um mundo dirigido pelo mercado oferece poucas garantias, mas a boa luta vale o risco e o custo envolvidos.

Em essência, este livro argumenta que a liderança responsável muitas vezes se configura como versão da boa luta: é um esforço permanente, que exige perseverança e coragem, visando cumprir alguns compromissos sérios, mas profundamente falíveis, em um mundo incerto e, muitas vezes, implacável. Observe os elementos críticos dessa definição. Um deles é a luta; os outros são o compromisso e a coragem. Temos uma compreensão básica do que essas três palavras significam, mas agora elas adquirem sentidos mais complexos e importantes, e este livro explica por que são de especial relevância para entender a atual liderança responsável e aprender a liderar outras pessoas com eficácia e responsabilidade.

Não se trata de uma visão inédita da liderança. Embora, às vezes, seja retratada como uma emocionante aventura, a liderança sempre foi um considerável esforço, que exige firmeza, profunda determinação, tenacidade e uma dose de fé – em si mesmo, nos outros e em algum objetivo, causa ou missão maior. No entanto, em um mundo de mercados intensos, globais, aprimorados pela tecnologia e em constante funcionamento, o esforço é mais extenuante, a mera sobrevivência pode ser um complexo desafio, o sucesso é muitas vezes fugaz, a pressão para jogar ou se fixar em métricas de curto prazo se fortalece, e a liderança exige ainda mais tenacidade, confiança, coragem e fé. A luta sempre foi um elemento central para realizar algo que valha a pena, e, hoje, isso se aplica como nunca.

Mercados onipresentes

Cheguei a essas conclusões no meio de um projeto de pesquisa cujo foco era totalmente diferente. Meu objetivo inicial era descobrir as diferenças, se é que havia alguma, sobre liderança responsável em pequenas e novas empresas do mercado. A justificativa para o projeto era a de que a maior parte de nosso pensamento sobre liderança empresarial responsável se fundamentava em estáveis e consolidadas empresas de grande porte.

Durante décadas, por exemplo, o caso paradigma de liderança responsável foi o da Johnson & Johnson, para administrar a crise com o Tylenol. É a história de como a empresa e seu CEO, James Burke, responderam à morte de sete pessoas que tomaram Tylenol contaminado com cianeto em 1982. Na época, a empresa tinha um século de existência, vendia cerca de US$6 bilhões, os lucros anuais chegavam a US$500 milhões, tinha um leque diversificado de negócios, marcas fortes e muitos produtos que dominavam os mercados nos quais atuavam. Quase todos os líderes haviam trabalhado juntos durante anos. Em contrapartida, a típica empresa empreendedora é nova, pequena, sem muito capital, reputação ou marca, sem relacionamento permanente com as agências reguladoras, praticamente sem staff e enfrenta intensa concorrência de outras novas empresas, muitas vezes, de empresas consolidadas e poderosas. A equipe de gerentes é muitas vezes recém-contratada e fluida.

No entanto, logo percebi que, de algumas formas muito importantes, o mundo do empreendedor está se tornando o mundo de quase todos. Mesmo as maiores empresas, as mais bem estruturadas e seguras, enfrentam agora a crescente pressão do mercado para inovar com rapidez e continuamente. O lado positivo dessas pressões afirma que as empresas que inovam prosperam; já a versão malévola diz que, sem inovação, as empresas morrem. Logo percebi que os empreendedores que eu estava estudando não eram um subgrupo especial de líderes, mas viviam e trabalhavam em um mundo no qual muitos outros líderes – de equipes, departamentos, unidades e organizações inteiras – estavam entrando, tanto no setor público quanto no privado.

Como resultado, mudei o foco, da liderança responsável em pequenas empresas para a de um mundo orientado para o mercado, com duas características que o definem: mercados poderosos e onipresentes e recombinações incessantes. Ambos os elementos são fundamentais, e um reforça o outro.

Existem hoje mercados para quase tudo – empresas, componentes, recursos, capacidades, influência governamental, brilhante talento humano, cruel trabalho infantil e até mesmo órgãos humanos. Muitos mercados são globais e operam sem parar. Muitos são intensamente competitivos. O que acontece atualmente é o extraordinário fenômeno da recombinação quase contínua. Ideias, partes de organizações, tecnologias, recursos e pessoas agora avançam incessantemente – às vezes, com rapidez, outras, com eficiência, outras ainda, com violência – entre as organizações.

Como consequência, os mercados são reformulados e evoluem em novas direções, em geral surpreendentes. O mouse original de computador, desenvolvido pela Xerox e vendido a US$16 mil, se tornou um dispositivo fácil de fabricar e passou a ser vendido por US$15 após Steve Jobs "melhorar a engenharia" da ideia. Pelo fato de as pessoas, tecnologias e unidades inteiras de organizações serem vendidas e revendidas nos mercados, muitas empresas continuamente se reformulam. Algumas sobrevivem, outras prosperam, e muitas lutam, mas não dão certo, mesmo depois de progredir por um período. Porém, o que sobrevive – valiosas ideias, talento, tecnologia e fundos residuais – não evapora; é comprado e vendido, depois recombinado em outros produtos, serviços e organizações.

Dois pensadores sociais de grande representatividade, que não concordavam muito entre si, previram esse mundo orientado para o mercado. Um foi Karl Marx, o outro, Joseph Schumpeter. Marx morreu em 1883, ano em que Schumpeter nasceu. O primeiro condenava o capitalismo e previu seu colapso. O segundo o defendia ferrenhamente e acreditava que o empreendedorismo era seu motor. No entanto, as ideias fundamentais, em conjunto, trazem um profundo insight das economias e sociedades de hoje.

Marx acreditava que o capitalismo impulsionado pelo mercado oprimiria o proletariado e reduziria os salários. A realidade atual é que o capitalismo impulsionado pelo mercado pressiona todos, exceto os mais privilegiados ou protegidos. A famosa definição de Schumpeter para o empreendedorismo era "recombinação". Hoje, poderosos mercados em todo o mundo impulsionam criativas e, muitas vezes, disruptivas recombinações de recursos, tecnologias, pessoas e ideias – em um ritmo que impressionaria até mesmo Schumpeter.[5] Mercados dinâmicos, estimulantes, implacáveis, fascinantes, sedutores, perigosos e, às vezes, violentos cercam, permeiam e moldam boa parte de nosso trabalho e de nossas vidas.

Não estou argumentando que o impacto dos mercados nos quais muitas pessoas atuam hoje é sem precedentes. Nas economias capitalistas, as organizações e seus líderes muitas vezes sofrem pressões da concorrência, a tecnologia pode levar a mudanças profundas nos mercados e na sociedade e depressões podem abalar economias inteiras. A questão é: por uma série de razões, as pressões do mercado nos últimos anos se tornaram mais difundidas, mais intensas e afetaram mais níveis das organizações que nas décadas do pós-guerra, quando a concorrência em muitos importantes setores era principalmente nacional e caracterizada por oligopólios, em vez de global; com base em manufatura, não em conhecimento; e envolvia mudanças incrementais, em vez de mudanças rápidas e bruscas. São essas recentes evoluções que, creio, exigem que repensemos a liderança responsável.

Além do estadista industrial

Um mundo recombinante, com intensa pressão da concorrência, transforma um modelo conhecido de liderança responsável, produto do cenário institucional e ideológico do século XX, em um padrão incompleto, enganoso e, às vezes, perigoso. Os exemplos de destaque do modelo clássico eram, até recentemente, conhecidos em todo o mundo: Thomas Watson Jr., da IBM, Konosuke Matsushita, da Panasonic, Alfred Sloan, da General Motors, James Burke, da Johnson & Johnson, e alguns outros. Esses nomes estão desaparecendo, mas seus legados permanecem na forma de uma poderosa e distinta visão sobre liderança responsável.

Esses homens foram estadistas industriais e estiveram à frente de empresas gigantescas, às vezes, por décadas, e encontraram maneiras de obter extraordinários retornos para os acionistas. Ao mesmo tempo, geravam bons empregos e trabalhavam em estreita colaboração com um grupo relativamente estável de stakeholders. Suas empresas eram enormes, com operações altamente integradas, dirigidas por hierarquias de gerentes e geralmente voltadas para a manufatura. Essas organizações eram incrivelmente produtivas, geravam lucros sem precedentes e exerciam extraordinário poder – sobre os concorrentes, segmentos, comunidades e até mesmo governos.

Como alguns gigantes coorporativos abusavam de seu poder, os governos criaram sistemas de governança para responsabilizar as empresas e os líderes. Os estadistas industriais exemplares cumpriam suas responsabilidades no âmbito desses sistemas e usavam seu poder de forma responsável, além de promoverem valores corporativos que moldavam o trabalho e até mesmo a vida dos empregados, missão facilitada pelo emprego de longo prazo ou vitalício. Tudo isso em nome de uma poderosa concepção de liderança responsável.

Agora, o mundo que criou o estadista industrial está retrocedendo. Precisamos de uma visão de liderança responsável para um mundo no qual os gerentes são pressionados a inovar de forma contínua e intensa, vivem em ambientes fluidos, incertos e extremamente competitivos e administram empresas enredadas em parcerias e redes temporárias, às vezes instáveis, que em geral se estendem além de limites nacionais e de muitas culturas. As organizações se parecem menos com hierarquias gigantescas e quase permanentes do século XX e mais com redes fluidas e permeáveis que competem – como várias empresas empreendedoras – na montagem e remontagem rápida e eficaz de recursos de todos os tipos. Essa configuração institucional é muito diferente da que definia as empresas-modelo e os líderes do século XX.

Esse cenário torna urgente e desafiadora a questão da liderança responsável em um mundo orientado para o mercado. Na verdade, é uma tentação natural ignorar o fato, com a alegação de que todo o conceito de liderança responsável é ingênuo. Em um mundo de impiedosa competição, uma empresa não deve jogar o mesmo jogo que todas as outras empresas? Até que ponto uma pessoa pode assumir responsabilidades em uma época com pouquíssimos empregos seguros? Em circunstâncias turbulentas e incertas, será mesmo possível delegar tanta responsabilidade a alguém, quando, na verdade, essa pessoa controla muito pouco? Com a existência de muitas culturas e diversas práticas éticas, a liderança responsável realmente pode significar tanto?

Uma forma de evitar essas perguntas sobre os mercados e responsabilidades é ir mais a fundo, muito além do que Shakespeare chamou de "tumulto" da vida cotidiana, e afirmar que o capitalismo sempre foi turbulento e que os conceitos básicos da liderança responsável não mudaram. Em outras palavras, este período e seus desafios nada têm de especial.

Até certo ponto, essa abordagem faz sentido. O capitalismo nunca foi tão plácido ou previsível, e os fundamentos da liderança responsável parecem atemporais. Os líderes responsáveis encaram responsabilidades legais e éticas com seriedade, trabalham com outras pessoas para cumprir as obrigações básicas das organizações e, muitas vezes, assumem e mantêm compromissos mais amplos com stakeholders, comunidades e sociedades. É tudo simples, claro e fundamentalmente verdadeiro.

Porém, a história, as práticas e a cultura são importantes. Um centurião romano que conduz seus homens para a batalha, um mandarim chinês que administra uma agência do governo, um ancião de uma tribo que enfrenta a seca e o CEO à frente da General Motors quando era a empresa mais poderosa do mundo, todos enfrentaram desafios muito distintos e vivenciaram culturas e práticas muito diferentes. Por isso, se quisermos entender a liderança responsável hoje, temos de lançar um profundo e detalhado olhar em como os mercados agora definem o contexto em que os líderes trabalham e vivem, em circunstâncias boas ou ruins.

A fim de estudar a liderança responsável atualmente, recorri a duas estratégias: uma empírica e outra conceitual. A primeira é descrita no Histórico da pesquisa (no fim do livro) que em essência envolveu a leitura de dezenas de estudos de casos e livros sobre empreendedores, entrevistas com eles e com muitos de meus colegas na Entrepreneurial Management Unit, da Harvard Business School, que acumulam décadas de estudo sobre empreendedores e de trabalho com startups, como fundadores, diretores e investidores. Também examinei de perto as experiências de líderes de organizações maiores, que enfrentaram altos níveis de turbulência e incerteza por causa de crises nas empresas ou abalos fora delas.

A abordagem conceitual foi retomar os princípios básicos – de forma pouco ortodoxa. Apoiei-me em minha experiência pessoal, de anos estudando as responsabilidades dos líderes e as ensinando a alunos e executivos, e desenvolvi um conjunto de perguntas que definem, creio, a essência da liderança responsável. Minha tese sobre essas questões é resoluta: as perguntas podem ser formuladas de maneiras diferentes, mas são permanentes. Em outras palavras, para os líderes responsáveis, essas perguntas são inevitáveis, fazem parte do pacote, e a liderança responsável consiste em respostas ponderadas, fruto da experiência.

Pelo fato de serem tão importantes, esses questionamentos determinaram a organização deste livro. Cada capítulo foca uma das permanentes perguntas sobre liderança responsável e explica por que são tão fundamentais. Em seguida, apresento a resposta para cada questão, que evoluiu durante o século XX, explico por que essas abordagens conhecidas já não são adequadas e esboço as respostas que surgem hoje.

Os capítulos dão pinceladas largas. É claro que não havia "respostas do século XX" para as perguntas permanentes. Neste livro, "século XX" é uma abreviação para uma fase do capitalismo, que começou com o surgimento das grandes empresas industriais no final de 1800 e continua até hoje. Os empreendedores existiram ao longo do século XX, embora muitos outros tenham surgido nas últimas décadas, à medida que países, particularmente os Estados Unidos, desenvolveram infraestruturas para criar e apoiar novos negócios.[6] Em suma, o "antigo" cenário de empresas gigantescas e estadistas industriais não desapareceu, mas se sobrepõe à "nova" era orientada para o mercado, da mesma forma que as eras geológicas se sobrepõem.

As perguntas permanentes

A primeira pergunta permanente é: *Estou realmente lidando com os fundamentos?* Associamos a liderança responsável aos valores sólidos e à ação efetiva, mas a primeira responsabilidade dos líderes é, na verdade, intelectual e analítica. Essa pergunta investiga se os líderes têm refletido sobre as forças que moldam a economia e a sociedade em que vivem e todas as implicações dessas forças motrizes. Os gerentes que não correspondem a essa expectativa podem facilmente conduzir as organizações na direção errada ou liderá-las mal, mesmo que tenham excelente caráter e estejam profundamente comprometidos com todos os valores corretos. Quando não conseguem cumprir essa primeira responsabilidade, os mercados hoje se movem com rapidez e de forma impiedosa. O preço do fracasso pode ser prejudicial para os meios de subsistência, esperanças e vidas de centenas ou milhares de pessoas.

A segunda pergunta é: *Quais são, de fato, minhas responsabilidades?* Trata-se de uma pergunta permanente por duas importantes razões. A primeira é gerencial e prática: os líderes precisam saber quais são suas funções básicas, o que devem realizar e o que conta como sucesso ou fracasso. A outra razão é social: sem uma responsabilização transparente, a sociedade não pode orientar e controlar a forma como os líderes usam o poder. Eles ficam, então, à deriva e podem passar a servir os próprios interesses.

A terceira pergunta permanente é: *Como tomo decisões críticas?* Todos os profissionais que já tiveram uma responsabilidade real podem se recordar, em geral, detalhada e dolorosamente, de situações em que tiveram de tomar decisões de longo prazo, com significativas consequências para a organização, em condições de incerteza, com o risco de fracasso iminente. As decisões críticas são cruciais testes de liderança responsável.

A quarta pergunta é: *Nossos valores essenciais estão corretos?* Atualmente, quase todas as organizações têm algum tipo de declaração de valores. Muitas vezes, são amplas, vagas e inconsequentes. Mas essa pergunta trata dos valores essenciais e sugere que os líderes coloquem de lado as declarações de missão e palavras de ordem e passem a avaliar seus verdadeiros valores – os que um líder e uma organização lutarão com empenho e por muito tempo para colocar em prática quando a situação se agravar e o sacrifício for inevitável. As organizações sempre têm valores essenciais neste sentido – podem ser explícitos ou implícitos, gerenciados ou acidentais, admiráveis ou deploráveis –, mas os líderes responsáveis se empenham para criar os valores certos.

A última pergunta permanente também trata de valores, mas com um enfoque pessoal: *Por que escolhi esta vida?* À distância, os cargos de liderança são atrativos: oferecem *status*, poder, boa remuneração e a oportunidade de fazer a diferença no mundo. Porém, de perto e no dia a dia, a liderança pode ser uma tarefa cansativa e árdua. A liderança sempre foi um trabalho árduo, mas os desafios são ainda maiores agora, porque um número maior de organizações enfrenta graus mais altos de incerteza, complexidade e turbulência no mercado. As pressões são sentidas pelos líderes em toda a organização, não apenas no nível mais alto. Então, a última pergunta permanente pede que os líderes reflitam sobre as questões a qual Dag Hammarskjöld dedicou períodos de reflexão e redação no diário: Esta luta vale a pena? O que ela está fazendo com e para a minha vida?

Respostas emergentes

Existem respostas para as perguntas permanentes que reflitam os desafios e oportunidades do líder de hoje? Ninguém tem uma bola de cristal, mas parece que uma nova perspectiva orientadora está surgindo, e a experiência dos empreendedores a evidencia. A melhor maneira de entender esse ponto de vista de liderança responsável é olhar atentamente para quais podem ser as respostas emergentes para as perguntas permanentes. Nos demais capítulos, detalho essas respostas, mas os elementos básicos podem ser descritos de forma sucinta.

A primeira pergunta permanente indaga se os líderes estão lidando com os fundamentos, atualmente, as pressões onipresentes e intensas do mercado e a contínua recombinação. Como resultado, a tarefa central para os líderes responsáveis de hoje não é fazer o certo ou atender aos acionistas ou stakeholders. Trata-se de uma tarefa intelectual, um incessante e rigoroso esforço – que abrange atenta observação, imaginação, coleta de dados e análise – para entender o contexto no entorno das organizações atuais e definir uma direção acertada. O fracasso nessa tarefa muitas vezes é punido com rapidez, e as organizações e muitas pessoas sofrerão sérias dificuldades.

A segunda pergunta permanente trata da responsabilização dos líderes. A resposta emergente é que nossas práticas comuns de responsabilização – conselhos de administração, leis e regulamentação e supervisão do governo – estão se tornando muito menos eficazes por causa do ritmo e da complexidade da mudança orientada pelo mercado. Essas práticas, concebidas para outra época, em geral se tornam defasadas para as atividades de líderes inovadores e os rápidos movimentos de mercados sofisticados, muitas vezes globais. O resultado é extraordinário e desconcertante: em grande parte, cabe aos líderes definir a própria responsabilização (*accountability*), o que lhes gera grande responsabilidade. É preciso confiança, determinação e coragem para aceitá-la e, em seguida, assumir com comprometimento a tarefa pessoal de alcançar determinados objetivos para determinados grupos e resistir à pressão de terceiros.

A terceira pergunta permanente investiga como os líderes devem tomar decisões críticas. A resposta emergente é: em um mundo recombinante, os líderes responsáveis muitas vezes pouco podem fazer além de assumir compromissos em aberto, que evoluem e sejam fundamentalmente falíveis. Acabam concretizados com o tempo, por meio da experimentação, da experiência, do erro, do fracasso e do acaso – e, acima de tudo, da disposição para lutar por muito tempo e, por vezes, com coragem para aprender, se adaptar e, com sorte, dar um passo à frente.

Quando os líderes de hoje procuram uma resposta real para a quarta pergunta permanente – Nossos valores essenciais estão corretos? –, precisam da coragem para ir além da abordagem consensual e pensar e agir por si mesmos. A abordagem consensual consiste em longas listas de compromissos com princípios universais, como honestidade, integridade, respeito pelas pessoas e assim por diante. O que importa hoje são os valores essenciais – definidos pelo que uma organização e seus líderes estão dispostos a lutar quando a situação se tornar complexa e sacrifícios reais forem necessários. Em um mundo orientado para o mercado, esses valores essenciais precisam levar os mercados a sério. Às vezes, precisam acelerar, outras, transcender, e outras, ainda, bloquear as forças de mercado em torno das organizações.

Para concluir, quando os líderes responsáveis fazem a última pergunta permanente – Por que escolhi esta vida? –, precisam pensar sobre o compromisso e a luta de maneiras muito pessoais. A razão para assumir os rigorosos desafios da liderança precisa ir além da remuneração, do *status* ou do fascínio pelo sucesso, porque as pessoas talentosas podem conseguir esses elementos de outras formas, normalmente se tornando especialistas na área financeira, de consultoria, tecnologia ou em uma carreira tradicional.

Em um nível mais profundo, às vezes os profissionais escolhem a liderança por conta do que os desafios e lutas significam para eles, já que a liderança responsável é uma boa luta. É um longo e rigoroso desafio, que testa a competência e o caráter, confere propósito e intensidade à vida e ajuda a levar o tipo de vida realmente valorizada. Talvez os profissionais não consigam cumprir todos os seus compromissos nem atingir suas aspirações; talvez, suas carreiras possam evoluir de formas que surpreendam, decepcionem ou mesmo os tirem do caminho – porque um mundo recombinante oferece poucas garantias, e os mercados são indiferentes aos destinos das pessoas –, mas a boa luta parece valer o risco e o custo.

É fácil romantizar o conceito de uma boa luta, mas ela exige um incomum traço de caráter, mais bem definido como coragem gerencial. É fácil pensar que entendemos o significado de coragem, que geralmente parece simples. Pensamos em exemplos conhecidos e intensos, como a coragem física de um bombeiro que corre em direção a um prédio em chamas para salvar alguém, ou a coragem moral de manifestantes que lutam contra a tirania. A definição de coragem pode parecer fazer a coisa certa em nome da dedicação a algum princípio ou ideal, apesar do custo pessoal ou do perigo envolvido.

Para os líderes responsáveis, no entanto, o sentido é um pouco diferente. Em essência, trata-se da coragem do trabalho árduo, de percorrer um longo caminho, não o momento único de bravura. É a força – intelectual, moral, emocional e até física – para firmar compromissos sérios, mas falíveis, para si próprio e para uma organização, e a força para lutar com empenho e criatividade a fim de cumpri-los. É a firmeza de resistir e persistir por longos períodos de vulnerabilidade. Envolve uma disposição para assumir riscos, fazer sacrifícios e perseguir obstinadamente algum objetivo maior e mais ambicioso.

A coragem gerencial não implica encarar o perigo ou a morte, mas o trabalho árduo, contínuo e ambicioso em busca de algo que valha a pena – apesar da incerteza, do risco, da dúvida e das frustrações e obstáculos quase inevitáveis. A coragem gerencial não é a bravura retratada em *Ilíada*, em que vemos valentes homens lutando lado a lado nas planícies de Troia, mas a resoluta tenacidade de *Odisseia*, a história de Ulisses trazendo seus homens para casa, em uma árdua viagem que leva uma década.

Os contextos mais amplos

É importante manter as lutas dos líderes em uma perspectiva global. Para centenas de milhões de pessoas atualmente, o trabalho e a vida são uma luta árdua contra a doença, a pobreza, a opressão e o desespero; esse tem sido o destino da humanidade durante a maior parte da história. Milhões de pessoas, nos países desenvolvidos, lutam diariamente para sustentar a si e suas famílias com salários muito baixos. Neste contexto, as "lutas" dos líderes de hoje – isto é, as dificuldades dos trabalhadores que ganham bem, desfrutam de poder e *status* e vivem em confortáveis casas, com água potável e acesso a boa alimentação – não estão entre os problemas mais urgentes do mundo.

As lutas dos líderes de hoje também pedem um contexto histórico. Dessa perspectiva, os desafios nada representam de fundamentalmente novo. A liderança sempre exigiu comprometimento, luta e coragem, e os líderes de hoje talvez estejam apenas vivenciando de novo o tumultuado mundo do capitalismo clássico anglo-americano. A turbulência foi domesticada, temporária e parcialmente, sobretudo nas décadas do pós-guerra do século XX, nos segmentos dominados por grandes empresas oligopolistas. Durante esse período, a liderança responsável era definida, em grande parte, por práticas estáveis e estruturas bem definidas de funções e responsabilidades. O que está acontecendo agora pode ser apenas um retorno ao escancarado e selvagem capitalismo que precedeu a ascensão das gigantescas e poderosas empresas industriais – com as complexidades adicionais da competição global, da comunicação instantânea por meio de redes digitais e das organizações configuradas no formato de redes.

Contudo, perspectivas históricas ou globais fornecem pouco alento para os líderes que vivem e trabalham no turbilhão da recombinação orientada para o mercado. Eles enfrentam um conjunto distinto de desafios, incertezas e pressões intensas. As organizações e a subsistência de muitas pessoas dependem de eles vencerem esses desafios. Até mesmo os líderes de sucesso podem ter uma nítida sensação de que, apesar de trabalharem arduamente e por longas horas, talvez não estejam à altura das responsabilidades e exigências de seus cargos.

Uma economia de mercado pode ser extremamente dinâmica e estimulante e trazer uma infinidade de ideias, empregos, progresso e riqueza, mas também confronta os líderes e gerentes com um misto extenuante de intensa pressão pelo desempenho, incerteza e complexidade. Por isso, é essencial encontrar respostas contemporâneas para as perguntas permanentes da liderança responsável.

CAPÍTULO 2

ESTOU REALMENTE LIDANDO COM OS FUNDAMENTOS?

Muitas crianças brincam de um jogo de tabuleiro chamado "Snakes and Ladders", um antigo jogo indiano. Essa simples e inocente diversão é uma representação notavelmente precisa e desconcertante da vida e do trabalho. Para jogar, os participantes rolam os dados e tentam ir da parte inferior até a superior de um tabuleiro numerado e com desenhos. Se o jogador cair em uma casa com uma escada, ele pode se mover rapidamente em direção ao topo e conquistar a vitória. Já, se cair em uma casa com uma cobra, volta para as casas inferiores. Em poucas rodadas, os jogadores podem subir rapidamente até o sucesso e, em seguida, perder quase tudo na próxima jogada.

Embora o jogo seja considerado um passatempo hoje, a versão indiana original tinha um sério propósito moral. Ele ensinava as crianças que a maneira de ter uma vida boa e útil – em um mundo incerto e volátil – era por meio do desenvolvimento de traços específicos de caráter. As cobras no tabuleiro eram cercadas por símbolos de luxúria, ira, assassinato e roubo, e as escadas, por símbolos de generosidade, fé e humildade. No mundo atual das escadas e cobras, o caráter tem imensa importância para a liderança responsável, e os traços mais críticos e definidores são a coragem de assumir compromissos fundamentalmente falíveis e de lutar com persistência e, às vezes, com coragem para cumpri-los.

As escadas que nos rodeiam são estimulantes, às vezes, inovações impressionantes em vários campos de atuação. Sir Arthur Clarke, escritor de ficção científica e inventor britânico, uma vez escreveu: "Qualquer tecnologia suficientemente avançada é indistinguível da magia."[1] Sua descrição se alinha ao que está acontecendo agora com os bens de consumo eletrônicos, telecomunicações, medicina, engenharia genética e muitos outros campos. Esses avanços fazem parte de uma onda mundial de inovação orientada para o mercado e de empreendedorismo, cujo alcance e vigor fazem alusão ao título do livro *Bilhões de empreendedores* (Elsevier, 2009).[2]

As escadas e cobras atuais são a instabilidade, a incerteza e os mercados turbulentos. Cada vez menos elementos agora parecem estáveis, previsíveis ou seguros. Nos últimos anos, grandes empresas, como Citibank e GM, quase faliram. As organizações conhecidas por seus compromissos de longa data com a qualidade e segurança, como a Toyota e a BP, sofreram desastrosos reveses. Entre as 25 pessoas "mais poderosas" do mundo dos negócios nos Estados Unidos em 2003, 17 já não estavam na lista apenas quatro anos depois.[3] Em 1960, levava duas décadas para a *Fortune* 500 mudar um terço das empresas que compunham a lista. Hoje, leva quatro anos.[4] Economias inteiras agora operam em termos de escadas e cobras: por exemplo, entre 1985 e 2010, a economia americana passou por várias crises econômicas sérias, cada uma pior que a anterior. Para se proteger contra o que possa acontecer no futuro, as empresas americanas acumularam saldos de caixa sem precedentes históricos de quase US$2 trilhões.[5]

Embora os mercados sejam racionais até certo ponto, também são instituições profundamente humanas. Sua complexidade reflete a imaginação e criatividade da mente humana, mas também nossas esperanças e medos. Por isso, bolhas, quebras, conluios, chicanas, instintos de rebanho, cegueira emocional, propaganda enganosa e abalos também são aspectos conhecidos do comportamento de mercado, como a última década deixou tão claro. Os mercados financeiros, provavelmente, o que existe de mais próximo do que os economistas chamam de mercados perfeitos ou completos, estão repletos de vulnerabilidades humanas.

A economia comportamental tem documentado esses acontecimentos por quase duas décadas e basicamente confirmou a observação de Warren Buffett: "Situações selvagens acontecem nos mercados, que não se tornaram mais racionais ao longo dos anos... quando as pessoas entram em pânico, quando o medo ou a ganância toma conta, elas reagem com a mesma irracionalidade que no passado."[6]

O que está acontecendo? Que forças estão criando este mundo estimulante, porém perigoso? O que isso significa para a liderança responsável? Para responder a essas perguntas, os líderes precisam encarar a primeira questão permanente e se perguntar: Estou realmente lidando com os fundamentos?

Responsabilidades intelectuais

Esta pergunta pode parecer um estranho ponto de partida para pensarmos sobre liderança responsável. A pergunta não trata de ética, de valores nem de responsabilidade social corporativa. Não trata de tomada de decisão ou de ação, que normalmente definem a liderança. Contudo, os líderes não conseguirão cumprir suas responsabilidades se não tiverem refletido profundamente sobre todas as implicações, para si e para as organizações, das poderosas forças que moldam as economias e sociedades à sua volta.

Por isso, a primeira responsabilidade dos líderes é intelectual. É a luta para desenvolver – na medida do possível – um entendimento cuidadoso, analítico, com base em dados das forças motrizes dos mercados e da sociedade à sua volta, e mantê-lo flexível e passível de revisão. Essa abordagem é diferente tanto do meticuloso planejamento das grandes empresas industriais do século XX, bem adequado para um mundo estável cuja evolução elas muitas vezes definiam, e do oportunismo romanceado e apaixonado, frequentemente associado aos empreendedores.

Nas últimas décadas, os gerentes sofisticaram seu pensamento sobre um conjunto de fundamentos, as forças econômicas e competitivas que impulsionam a concorrência em seus segmentos. Economistas, consultores e outros analistas vêm desenvolvendo elaboradas ferramentas para analisar os aspectos econômicos básicos de empresas e segmentos. Os céticos criticam essas técnicas, dizendo que o jargão, os modelos pseudo-quantitativos e os elevados honorários de consultorias mascaram ideias básicas que qualquer comerciante bem-sucedido domina desde o início do comércio.[7] Todavia, até mesmo os céticos reconhecem a importância de realmente apreender os fundamentos, e Warren Buffett definiu a razão de forma sucinta. "Quando uma gerência conhecida por sua genialidade", escreveu ele, "lida com um negócio famoso pelos aspectos econômicos ruins, é a reputação da empresa que geralmente permanece intacta".[8]

A busca pelos fundamentos dificilmente fica restrita à estratégia de negócios e, na verdade, reflete uma visão secular de liderança e de vida. Shakespeare expressou esse pensamento em *Júlio César*, quando escreveu:

> *Existe uma maré nos assuntos dos homens*
> *Que, tomada na enchente, leva à fortuna;*
> *Ignorada, toda a viagem da sua vida*
> *Estará condenada às sombras e misérias.*[9]

A visão de Shakespeare é bastante ampla, e a primeira pergunta permanente adota essa perspectiva. Ela não só pede que os líderes façam mais que apenas analisar as forças competitivas que atualmente moldam seus segmentos, mas trata das forças motrizes mais profundas e poderosas que definem economias e sociedades inteiras e sugere que eles compreendam o que essas forças significam para as organizações.

Esse esforço não produzirá respostas definitivas, mas vale o tempo e energia dedicados. Às vezes, o esforço produz valiosas informações. Ele pode ajudar os líderes a evitar o enfoque crucial, mas perigosamente estreito, nos assuntos de hoje, nos números do trimestre, nas táticas dos concorrentes e nas políticas da organização. Fazer um considerável esforço para entender os fundamentos também pode reduzir a chance de ser pego de surpresa, ao incentivar o hábito mental de procurar padrões emergentes e acontecimentos incomuns, com maiores implicações. Além disso, promove a modéstia, um saudável e controlado estado de alerta e vigilância, em vez de arrogância. No final, a maioria das decisões é de apostas no futuro, e, ao lutarem para ter mais clareza sobre os fundamentos, os líderes aumentam as chances de vencer.

Todavia, a razão mais importante para os líderes responsáveis se preocuparem com os fundamentos hoje é o fato de um novo conjunto de princípios estar surgindo – com profundas implicações na forma como deveriam tomar decisões, estruturar as organizações, alocar recursos e até mesmo levar a vida. Neste livro, a expressão que resume esses novos fundamentos é "um mundo orientado para o mercado" e "a nova mão invisível".

A melhor maneira de começar a entender as implicações deste novo mundo é um tanto surpreendente. Precisamos desviar o olhar do mundo à nossa volta e adotar uma perspectiva histórica. Ao considerar brevemente os fundamentos que moldaram a sociedade, as organizações e os aspectos econômicos dos negócios no passado recente, podemos perceber os novos princípios com mais nitidez. Também começamos a ver por que pensar em termos de compromissos *falíveis*, assim como perseverança e coragem, é de especial importância para compreendermos a liderança hoje.

A era das grandes máquinas

Para os líderes das organizações, os fundamentos que moldaram o século passado foram escala, hierarquia e controle, e seu poder se reflete no que eles criaram: empresas gigantescas, quase permanentes, que dominavam a paisagem social e econômica e forneciam empregos e benefícios estáveis e significativos, tanto para os funcionários quanto para os stakeholders. Essas empresas são conhecidas e apareceram em todos os países industriais: GM, IBM, Sony, Philips, Daimler-Benz, Deutsche Bank e Shell.

Após milênios durante os quais uma empresa era apenas uma pequena operação comandada por uma pessoa – um chapeleiro, um ferreiro ou boticário – essas enormes organizações, e muitas outras como elas, entraram em cena. De onde vieram? Para simplificar radicalmente uma história muito complexa, a Revolução Industrial substituiu a força muscular de seres humanos e animais pela energia mecânica do motor a vapor. Então, houve uma longa série de descobertas na mecânica, na engenharia e na ciência – por meio dos esforços de amadores e curiosos e, em seguida, de cientistas e engenheiros – que aprimoraram e exploraram as novas fontes de energia. Assim, os empreendedores e financistas arrojados perceberam e aproveitaram as oportunidades para criar operações de produção cada vez maiores, que tiravam proveito desses avanços. Essas fábricas em grande escala eram basicamente enormes máquinas, que produziam fluxos cada vez maiores e mais rápidos de produtos.

Mas essas enormes fábricas trouxeram um prático e sério desafio para os líderes que as criaram e as administravam. Como eles poderiam controlar as operações e garantir a eficiência, a qualidade e os lucros enquanto expandiam as operações? A resposta foi um brilhante avanço gerencial: controlar essas operações por meio de hierarquias de gerentes assalariados. Nenhuma pessoa sozinha poderia entender, muito menos controlar por completo, essas organizações gigantescas, mas as novas hierarquias de gerentes sim. Eles desmembraram o imenso desafio de controlar as novas operações industriais em tarefas independentes, atribuíram aos gerentes responsabilidade por elas e, então, incumbiram outros gerentes de nível superior de monitorar e coordenar tudo.

Essa conquista foi narrada pelo renomado historiador de negócios Alfred Chandler em *The Visible Hand*.[10] O título de Chandler sintetiza sua ideia central com genialidade: a mão visível da gestão substituiu a invisível de Adam Smith do mercado em grande parte da economia moderna. Cabia aos gerentes, não aos compradores e vendedores, decidir em reuniões para onde os recursos iriam. As matérias-primas eram inseridas em um lado de grandes máquinas industriais, os produtos saíam de outro, e hierarquias de gerentes controlavam o que acontecia nesse ínterim. Muitas vezes, os gerentes também tentavam controlar os mercados de matérias-primas que entravam em suas enormes máquinas organizacionais, por meio da integração vertical e de contratos de longo prazo. Eles tentavam controlar os mercados no qual vendiam seus produtos, valendo-se de cartéis, de fixação de preços e outros acordos. O principal objetivo era controlar e acelerar o fluxo de produção e de lucros.

Em suma, durante grande parte do século XX, ser grande significava beleza, poder e estabilidade. A produção em massa reduziu drasticamente o custo dos produtos manufaturados. As vastas hierarquias desenvolviam e controlavam tecnologias críticas e, quando podiam, faziam o mesmo com as forças do mercado. O resultado eram empresas e segmentos que, na maioria das vezes, mudavam de forma incremental, o que representava uma tendência mais ampla na sociedade, a qual o renomado sociólogo Max Weber chamou de "racionalidade burocrática" – ou seja, a imposição de sistemas de controle e regras lógicas em esferas anteriormente orgânicas ou indisciplinadas da atividade humana.[11]

Quando os líderes empreendedores compreendiam, de forma explícita ou intuitiva, os fundamentos da escala, hierarquia e controle e os aproveitavam, geralmente obtinham lucros, estabilidade e, por vezes, domínio. Conhecemos suas empresas porque várias delas – como Coca-Cola, IBM, Panasonic e BMW – ainda detêm poder e sucesso. Outras, que não conseguiram desenvolver economias de escala e de escopo, definharam e, com frequência, faliram. Hoje em dia, praticamente ninguém ouve falar da Hudson Motor Company ou da Magnuson Computer Systems.

Quando os novos gigantes industriais abusaram do poder, eram criticados, vilipendiados e regulamentados. Quando pareciam contribuir para a sociedade, eram elogiados como modelos do futuro, porque forneciam tecnologia avançada, bons empregos, receitas fiscais, lucros e produtos de alta qualidade a custos cada vez menores. Seus líderes – os estadistas industriais – eram celebrados e se tornaram modelos de comportamento corporativo responsável,[12] pois compreendiam os fundamentos da época.

Eles garantiam lucro e poder porque lideravam hierarquias de gerentes nas empresas, desenvolviam e implementavam tecnologia de produção em massa e usavam esse poder para moldar e, às vezes, dominar os mercados à sua volta.

Os novos fundamentos

Hoje, essas mesmas duas forças – mercados e tecnologia – estão enfraquecendo e, por vezes, destruindo as máquinas gigantescas. Em vez de domar a tecnologia e os mercados, algumas das antigas hierarquias se tornam seus brinquedos. Muitas das gigantes do século XX passaram por sérios desafios recentes, e algumas chegaram à beira da falência. A razão para essa drástica mudança é um novo conjunto de princípios.

Hoje, eles podem ser resumidos de forma simples: vivemos no universo de Joseph Schumpeter, rodeados pela recombinação de recursos cada vez mais acelerada e orientada para o mercado – que ele denominou "vendaval perene da destruição criativa". Em termos abstratos, uma parcela cada vez maior da vida econômica e social está sendo dividida em módulos, comprados, vendidos e recombinados em mercados cada vez mais poderosos, sofisticados e, eventualmente, perigosos. Esse mundo recombinante – de módulos móveis em mercados – está repleto de extraordinárias oportunidades, complexidades, fragilidades e incertezas.

O que aconteceu? A resposta é que a mão invisível do mercado ressurgiu com extraordinário poder e sofisticação. Na verdade, um desafio central para os historiadores econômicos hoje é descrever e explicar os diferenciais dos mercados e organizações contemporâneos. O consenso preliminar entre os historiadores empresariais é que o capitalismo de hoje, às vezes chamado de "capitalismo empreendedor", tem algumas características do "capitalismo pessoal", de escala reduzida, descrito por Adam Smith, outras do "capitalismo gerencial" conceituado por Chandler, além de novas e importantes características.[13]

Tudo é um módulo

Há muitas forças relevantes que definem as economias e sociedades atuais. A lista conhecida abrange os desafios ambientais, o excesso populacional do planeta, a desigualdade e a pobreza, a internet e a globalização. Todavia, outra força fundamental é de especial importância para compreendermos a liderança responsável hoje, pois, além de ser poderosa e dominante, traz sérias implicações para profissionais que queiram liderar com responsabilidade.

Já vimos a maneira mais simples, porém abstrata, para descrever essa força: o fato de que grande parte da vida econômica e social e cada vez mais produtos e atividades estão sendo divididos em módulos, comprados, vendidos, combinados e recombinados em mercados cada vez mais sofisticados e velozes.[14] Trata-se de uma mudança tectônica, de um mundo de agregação, controle, hierarquia e eficiência – exemplificado pelas imensas máquinas industriais – para um mundo de desmembramento, modularização, redes e mercados. Esses são os novos princípios, e os líderes responsáveis precisam enfrentar suas implicações. A melhor maneira de entender esse novo cenário é olhar para os elementos básicos: os módulos e os mercados.

O que é um módulo? A resposta abstrata afirma que é algum tipo de componente que pode ser combinado com outros de um sistema. A resposta concreta e real é que quase tudo ao nosso redor é um módulo ou constituído por módulos. Dentro de cada automóvel ou computador, há um conjunto multinacional de complicados módulos, alguns montados a partir de complexos submódulos. As empresas empreendedoras são literalmente montadas a partir de capital, talento e ideias, e a maioria se reconfigura várias vezes nos primeiros anos. Mesmo as gigantes se comportam de forma semelhante: nos últimos 10 anos, a GE comprou mais de US$88 bilhões em ativos de alta tecnologia e vendeu mais de US$55 bilhões deles.[15] O sócio-diretor de uma grande empresa de private equity fez uma recente pesquisa sobre esse contexto e observou: "Hoje, tudo se resume à montagem de componentes."[16]

A sociedade tem evoluído de forma semelhante, desmembrando um vasto leque de atividades tradicionais em unidades menores e vendendo-as em mercados. Em muitas famílias nas quais tanto o marido quanto a esposa são provedores, o trabalho da tradicional dona de casa foi dividido em módulos, com a terceirização do cuidado com as crianças, da limpeza, das compras e outras tarefas.[17] Os candidatos políticos e pesquisadores de opinião já não se concentram nos grandes grupos demográficos, como os homens conservadores; em vez disso, miram pequenos subgrupos e tentam reuni-los em grupos vencedores. As pessoas antes construíam a carreira em uma única organização. Agora, as carreiras são divididas em módulos, conforme se troca de empregador.[18] Milhões de pessoas abandonaram as religiões estabelecidas há muito tempo, assimilaram elementos de várias tradições e criaram as próprias crenças pessoais e recombinantes, prática eventualmente chamada de "religião self-service", na qual escolhemos alguns preceitos e valores e rejeitamos outros.[19]

Em termos ainda mais amplos, vimos um mundo antes organizado em torno de superpotências polarizadas, os Estados Unidos e a União Soviética, se transformar em dinâmicas coalizões de países. Ao mesmo tempo, vários países têm se fragmentado em combinações flexíveis de regiões e tribos. Encontramos organizações terroristas e grupos criminosos globais compostos por células quase independentes que se aglutinam temporariamente para realizar operações específicas.[20]

As forças motrizes dessas mudanças são fortes e profundas e parecem se aproveitar de boa parte do mundo conhecido, quebrando-o em partes e reorganizando-o ou deixando-o caótico. Daniel Rogers, historiador de Princeton, escreveu que vivemos em uma "era de rupturas".[21] Sua frase ilustra uma sensação generalizada, compartilhada por analistas de muitas áreas de estudo, de que profundas mudanças estão em andamento, afetando quase todos os aspectos da vida e da sociedade.[22]

A evidência definitiva da modularização de quase tudo é a preocupação generalizada sobre o fenômeno e as profundas questões relacionadas com a ética e a responsabilidade decorrente dela. Os títulos lastreados em hipotecas no centro da recente crise financeira eram recombinações altamente complexas de hipotecas individuais cujos fluxos de caixa foram divididos em lançamentos parciais (*tranches*) e vendidos separadamente. Algumas empresas empreendedoras que custaram milhões de dólares aos investidores foram "feitas para serem vendidas" (ou seja, configuradas rapidamente para gerar lucros rápidos), não feitas para durar. Será que a "religião self-service" proporcionará a sabedoria, orientação e consolo das crenças que vêm resistindo ao tempo? Os genes, elementos básicos da vida, serão patenteados e vendidos como outras commodities industriais? E o debate sobre a terceirização desperta temores reais em países desenvolvidos e mesmo em alguns emergentes – sobre empregos perdidos e, em outro nível, a possibilidade de os seres humanos não passarem de complexos módulos compostos por tecidos moles –, lançados pelas forças de mercado que desconhecem limites.

Muitos fatores contribuem para a modularização de quase tudo, e os mercados estão entre as forças motrizes mais poderosas dessa mudança. Basicamente, eles incentivam as pessoas e as organizações a criar mais módulos, a combiná-los de diversas e variadas formas, com rapidez, criatividade e determinação. A mão visível da administração pode ter substituído ou suprimido os mercados durante a era das grandes máquinas industriais, mas agora a mão invisível do mercado se reafirmou – de forma onipresente, extraordinariamente poderosa, estimulante, volátil e corrosiva, permeando e moldando quase todas as esferas do trabalho e da vida.

Essa característica fundamental da nova mão invisível apresenta desafios específicos para os líderes. Um mundo recombinante é frágil, o que torna os compromissos de longo prazo menos dignos de confiança e credibilidade. Ele intensifica as pressões competitivas e torna o foco de curto prazo ainda mais atrativo, pois uma empresa inteligente que remonta módulos pode copiar amanhã a inovação de hoje do mercado. Por isso, o mantra "inovar ou morrer" pode se tornar "inovar e, mesmo assim, morrer". A recombinação também dificulta a tarefa dos líderes de inculcar valores quando as pessoas nas organizações sabem que elas e os líderes são, essencialmente, os módulos em um mundo *plug and play* e podem ir para outra empresa em breve. O instinto natural nessas circunstâncias é cuidar de si mesmo, aqui e agora, e seguir o princípio de Bertolt Brecht sobre o pão antes da ética.

A nova mão invisível

É fácil elogiar os mercados. Durante as últimas duas décadas, mais de um bilhão de pessoas foram içadas da pobreza extrema quando os mercados e o capitalismo se espalhou para a China, Índia e outros países. Também é fácil condená-los. A crise econômica global se espalhou como uma epidemia mortal pelos mercados financeiros mundiais e, em seguida, para de varejo, quase causando uma depressão mundial. A lição evidente é que os mercados são poderosos, valiosos e perigosos.

A mais sutil é que eles se tornaram incrivelmente complexos e interligados. Os mercados não são transações simples e únicas, orientadas por preço, firmadas entre compradores e vendedores, descritas nos livros didáticos básicos de Economia, mas criações sociais que hoje assumem uma infinidade de formas e atendem a inúmeros propósitos humanos. Nas últimas décadas, os mercados evoluíram, proliferaram, se adaptaram e se especializaram, e continuam a fazê-lo, em um ritmo cada vez mais rápido. É provável que Adam Smith ficasse espantado com a atual manifestação da mão invisível.

Esse panorama tem alterado os fundamentos para os líderes responsáveis. Sua tarefa central não é mais garantir o eficiente funcionamento de uma empresa de manufatura voltada para mercados domésticos e alguns constantes stakeholders. O desafio emergente é de natureza empreendedora: fazer a montagem e remontagem criativa de recursos em mercados antes conhecidos, que se tornaram altamente complexos, e em outros completamente novos. A melhor maneira de perceber isso é examinar rapidamente os conhecidos e observar a complexidade e sofisticação que adquiriram. Muitos dos elementos individuais nessa imagem são familiares, mas o impacto cumulativo é notável.

Clientes. É provável que o mercado de clientes seja tão antigo quanto a raça humana, e os proto-humanos podem ter tido muitas versões dele. Com frequência, pensamos nesse mercado em termos simples e prosaicos, como os supermercados e revendedoras de automóveis, mas ele acabou se tornando tão complexo e desafiador, estratégica e psicologicamente, como qualquer atividade humana.

Os concorrentes em muitos segmentos hoje abrangem grandes empresas globais, startups, alianças, concorrentes ligados em redes, além de governos. Em alguns negócios, a concorrência pelos clientes exige vários anos de esforço das equipes de representantes de vendas e de engenheiros com PhD. A tecnologia pode reorganizar o tabuleiro do jogo a qualquer momento: novas descobertas em qualquer parte do mundo podem mudar a dinâmica dos clientes. Se a estratégia competitiva em busca de clientes nos mercados contemporâneos fosse um jogo, faria os jogos online com diversos jogadores parecerem brincadeira de criança.

Mais e mais mercados hoje funcionam de acordo com os manuais de economia. Os clientes têm uma amplitude de escolhas, basta um telefonema ou um clique de mouse para ter acesso a muitas delas. As margens estão sob pressão, os lucros se aproximam do zero, e os líderes têm pouca margem de erro. Com isso, a ética pode representar 2%. Se as empresas gastarem tempo demais em busca da responsabilidade, os preços sobem e os clientes desaparecem. Caso abram mão da qualidade para lucrar mais e não joguem limpo, os clientes perceberão e procurarão outro fornecedor. A pressão não dá trégua.

Recursos financeiros. Assim como o mercado para os clientes, os mercados financeiros também têm se tornado muito mais complexos e fluidos, trazendo uma impressionante gama de oportunidades e ameaças. Os mercados financeiros "à moda antiga" do século XX dependiam dos mercados de ações e dos bancos. Após as reformas impulsionadas pela Depressão da década de 1930, a vida financeira se tornou simples e estável. Os bancos comerciais concediam empréstimos a pessoas físicas e jurídicas, enquanto os bancos de investimento emitiam ações e títulos para grandes empresas. Os bancos eram representados jocosamente como instituições enfadonhas: a "regra 3-6-3" afirmava que os banqueiros de sucesso tomavam dinheiro emprestado a 3%, o emprestavam a 6% e jogavam golfe às 15 horas. Em geral, o crédito fluía com cautela.

Agora, os bancos estão entre as organizações mais complexas do mundo. Operam continuamente, os "engenheiros financeiros" concebem seus produtos, e os grandes bancos são pouco compreensíveis para observadores externos, em alguns aspectos, para as agências reguladoras, até mesmo para os próprios executivos seniores. Além disso, os bancos de hoje são apenas um elemento dos mercados financeiros. Durante a década de 2000, por exemplo, surgiu o chamado sistema bancário paralelo (*shadow banking system*). Trata-se de uma rede global avaliada em vários trilhões de dólares, composta por bancos comerciais, de investimento, fundos de hedge e fornecedores de derivativos de crédito – todos interligados de forma profunda e complexa.

Talento. O terceiro mercado conhecido, o mercado para talentos de todos os tipos, também se tornou infinitamente mais complicado e competitivo. As empresas clássicas do século XX ofereciam emprego vitalício ou, pelo menos, de longo prazo para os funcionários excepcionais, prática que os excluía do mercado de trabalho. As empresas tentavam recrutar os melhores e mais capazes, ofereciam treinamento – por muitos anos, com frequência – e lhes incutiam seus valores. A lealdade era um valor central da empresa, que cuidava dos funcionários em troca de dedicação, flexibilidade nas tarefas e disponibilidade para mudar de cidade.

Agora, a lealdade corporativa está diminuindo em todo o mundo, à medida que mais empresas encaram as demissões como prática comum. A outra razão é o surgimento de um sofisticado e ativo mercado de talentos. Mesmo na frágil economia atual, o mercado para vários tipos de talentos continua em alta.[23] As pessoas talentosas se tornaram independentes, semelhante aos atletas e atores profissionais; nutrem lealdade temporária aos empregadores atuais e permanente às próprias carreiras.[24]

O mercado de talentos representa a economia recombinante e também a dinamiza, ao criar um grupo cada vez maior de profissionais com rica formação e experiência em várias empresas. Um empreendedor de sucesso observou recentemente que os funcionários do Vale do Silício se sentiam constrangidos se continuassem trabalhando em uma empresa por quatro ou cinco anos, porque os melhores recebiam constantes propostas e, cedo ou tarde, aceitavam uma. Ao mesmo tempo, as empresas agora tiram partido dos complexos mercados de trabalho e adotam abordagens de contratação muito mais sofisticadas. Nos "velhos tempos" do emprego quase vitalício, elas contratavam por causa das habilidades básicas e, em seguida, davam treinamento e faziam aculturação para formar os gerentes de que precisavam. Agora, procuram talentos *plug and play*, capazes de fazer contribuições específicas e imediatas.

Informação. O mercado de informação é antigo, mas não tão conhecido quanto os de clientes, de recursos e de talentos. Durante milênios, as organizações rivais – as cidades-estados atenienses, os reinos medievais, os sátrapas persas, os comerciantes fenícios, os exércitos beligerantes e comerciantes – procuraram ganhar vantagem ao reunir inteligência, privilegiadas perspectivas e, até mesmo, o mínimo de informações. Hoje, os mesmos interesses e dinâmicas atuam em escala global, com quantidades imensas de informações sobre praticamente tudo. Como, muitas vezes, elas têm valor, os mercados de todos os tipos se desenvolvem para comprar e vender, como sites que rastreiam os movimentos de jatinhos corporativos, que supostamente poderiam ajudar os banqueiros a avaliar as probabilidades de fusões e aquisições, para verem como os executivos gastam seu tempo.[25]

Capacidades. Desde a década de 1990, uma nova perspectiva sobre estratégia corporativa mostrou o quanto as empresas concorrem em termos de capacidades – a habilidade de fazer algo melhor, mais rápido ou mais barato que os concorrentes – e de produtos e serviços. A capacidade crítica de hoje é a habilidade de inovar e produzir um fluxo de produtos competitivos a custos competitivos. Hoje, poucos líderes acreditam que suas organizações o consigam por conta própria, portanto, elas concorrem ferrenhamente em busca de parcerias para garantir capacidades cruciais.

Essa é uma mudança fundamental do modelo empresarial do século XX, como uma espécie de fortaleza que procurava desenvolver e se apropriar de todos os recursos dos quais necessitava, o que significava ter as próprias operações de produção e comercialização, minimizando a dependência de fornecedores e fazendo quase toda a Pesquisa e Desenvolvimento internamente. Agora, o modelo autárquico é a exceção, não a regra. O motivo é um velho clichê: a "explosão do conhecimento". Nenhuma empresa, a despeito do porte, agora pode desenvolver e controlar todo o conhecimento, as habilidades, a tecnologia e as relações de que necessita para competir com sucesso. Por exemplo, cerca de metade de todos os novos medicamentos é produzida por parcerias de diversos tipos.[26]

Assim, as empresas concorrem arduamente pelas capacidades por meio de uma variedade impressionante de novos arranjos organizacionais. Muitas delas, incluindo empresas grandes e prósperas, como a IBM e a Procter & Gamble, com orçamentos de bilhões de dólares para Pesquisa e Desenvolvimento, dependem de "ecossistemas" de parcerias para ter acesso a importantes capacidades. Esses ecossistemas permitem que as empresas entrem e saiam rápido dos mercados, testem novas abordagens, atendam às exigências cada vez mais variadas e complexas dos clientes e impeçam que os concorrentes tenham acesso aos parceiros. Além disso, as parcerias e redes sofrem rápidas modificações. O fornecedor crucial de hoje pode se tornar o parceiro de investimento minoritário ou de *joint-venture* de amanhã.

Influência governamental. Desde os velhos tempos, as empresas procuram o apoio estratégico do governo para definir as regras do jogo em seus mercados e aumentar as chances de sucesso. Um executivo, fundador da

Halliburton, prestadora de serviços para campos petrolíferos, explicou a questão com espantosa clareza quando afirmou: "O político certo, no momento certo, pode torná-lo riquíssimo."[27] As empresas concorriam com outras e, muitas vezes, também com os sindicatos, grupos de interesse, partidos políticos e outros agentes, para definir as leis e as regulamentações de maneiras que as beneficiassem. A concorrência nunca era fácil – porque, com frequência, era uma competição com significativas consequências e soma zero contra adversários determinados, como os sindicatos –, mas era muito mais simples que hoje.

Se a concorrência do século XX para influenciar a política governamental e delinear os mercados era um jogo de damas, o jogo atual é o xadrez, e quase todas as empresas, mesmo as pequenas, têm de competir segundo essas complexas regras. No século XX, apenas as multinacionais precisavam de estratégias governamentais complexas e que atendessem a vários países. Agora, visto que várias empresas pequenas e outras novas estão competindo nos mercados globais em busca de clientes, recursos, talento, informação e capacidades e como, a despeito das circunstâncias, a política do governo molda os mercados de diversas maneiras, quase todas as organizações estão vigilantes e ativas no mercado em busca da influência do governo.[28]

Significado. É um mercado incomum e pouco notado, mas talvez seja a evidência mais forte e desconcertante da onipresença dos mercados. Os seres humanos parecem ter um "impulso para explicações" – queremos entender o que acontece à nossa volta.[29] Nas sociedades tradicionais, a religião e os governantes, junto com a tradição, davam às pessoas um senso de ordem e significado. Nas sociedades modernas, as pessoas supostamente obtêm mais informações em um dia do que os camponeses medievais obtinham durante toda a vida, mas lidamos com esse bombardeio à moda antiga – buscando padrões, tendências e significados.

Mas não o fazemos sozinhos. Uma grande variedade de instituições concorrem acirradamente para nos fornecer sentido e significado.[30] Para tanto, muitas organizações se valem hoje de sofisticadas estratégias de mídia, criadas para agregar valor a seus bens, serviços e atividades. As empresas trabalham duro para dar significado a seus produtos e serviços aos olhos dos clientes; os ativistas sociais o fazem para promover suas causas; os políticos competem para nos convencer da importância de suas propostas; e as religiões cada vez mais competem, por meio de marketing e mídia, para lotar os bancos de seus templos.

Se as atividades e liderança de uma organização são vistas de forma positiva, é muito mais provável que ela encontre sucesso em todos os outros mercados em que compete diretamente. Além disso, terá mais chances de ser bem-sucedida no âmbito da influência governamental. Um exemplo claro é o dos recentes recalls da Toyota. Antes, a Toyota representava segurança e confiabilidade. Porém, os recalls criaram problemas em todos os mercados em que a empresa competia e colocaram-na sob intensa vigilância das agências reguladoras em vários países. O resultado foi que a Toyota passou vários anos se recuperando de um desastre significativo no mercado e de seu impacto em outros mercados que envolvem a empresa.

Confrontados com a concorrência multidirecional e contínua recombinação, como os líderes podem saber se estão realmente lidando com os fundamentos e fazendo o certo para suas organizações? A resposta sucinta é que, quando os líderes estão realmente lidando com os fundamentos, um traço intelectual específico se torna parte central.

Honestidade intelectual

Arthur Rock, renomado capitalista de risco e de extraordinário sucesso, é essencialmente um gabaritado especialista em liderança para situações turbulentas, complexas, nas quais há muito em jogo. Sua carreira no Vale do Silício começou em 1971 e se estende por quatro décadas. Rock foi um dos primeiros investidores da Intel, Fairchild Semiconductor, Apple e muitas outras empresas importantes. Os líderes e as empresas em que trabalhou enfrentaram a nova mão invisível em sua forma mais emocionante e implacável. Normalmente, tentavam criar e surfar ondas de profunda mudança tecnológica. Enfrentaram a intensa pressão do mercado porque muitas outras empresas lutavam por espaço nas mesmas áreas. Além disso, no início, todas essas organizações eram altamente recombinantes e contavam com talentos com mobilidade geográfica, tecnologia, recursos e clientes.

Nos últimos anos de sua carreira, Rock refletiu sobre o que garantia um investimento promissor nesse tipo de empresa. Ele não falou em habilidade analítica, tecnologia de ponta ou um excepcional plano de negócios. Em vez disso, apontou para um traço de caráter. O que realmente importava, disse Rock, era a honestidade intelectual.

Para quem procura conselhos sagazes para realizar bons investimentos, essa resposta pode parecer irrelevante. Todos são favoráveis à honestidade – empreendedores, outros líderes e o restante da humanidade. Rock e seus sócios, todavia, não ajudaram a criar algumas das mais importantes empresas do Vale do Silício e ganharam centenas de milhões de dólares endossando o óbvio, que a honestidade é a melhor política. Para Rock, a honestidade intelectual significava algo bem diferente e mais sutil e desafiador.

Ele definia a honestidade intelectual com uma pergunta aparentemente simples. Quando os empreendedores o procuravam em busca de financiamento, ele se perguntava: "Eles enxergam a realidade como é, não como gostariam que fosse?"[31] A palavra crucial nessa definição é "enxergar". Rock estava à procura de profissionais dispostos a lutar com ardor e sucesso para ter clareza – sobre o que sabiam ou não, sobre o que podiam ou não controlar e sobre os riscos e oportunidades reais que se apresentavam.

A honestidade intelectual testa a mente de um líder. Ela exige capacidade intelectual, conhecimento profundo sobre um produto ou segmento, sensibilidade aguçada sobre os clientes, um olhar atento para padrões emergentes e a disposição de repensar os pressupostos à medida que complexas interações trazem novas e surpreendentes situações e questões. Contudo, esse trabalho intelectual é apenas parte do desafio que se coloca para os líderes responsáveis no que se refere aos princípios de hoje. A outra parte é de ordem psicológica e emocional e testa o coração e o caráter dos líderes.

Falibilidade

Se os líderes fossem androides, a honestidade intelectual seria relativamente simples. Eles apenas seguiriam os fatos e análises, a despeito de para onde apontassem. Quando não alcançassem clareza e respostas, os líderes robóticos criariam árvores de decisão, atribuiriam probabilidades a possíveis resultados e escolheriam aquele com o melhor valor esperado. Na realidade, porém, um compromisso com a honestidade intelectual muitas vezes leva a lutas árduas, porque seus desafios intelectuais estão mesclados com desafios psicológicos e emocionais.

Líderes de carne e osso são, nas palavras de Friedrich Nietzsche, "humanos, demasiado humanos".[32] A nova mão invisível que os circunda é um vasto caleidoscópio, muito produtivo e agitado, com atividades, oportunidades e ameaças, o que torna a busca de honestidade intelectual um esforço longo e muitas vezes frustrante, pois produz pouco mais de um sentido parcial e transitório de opacos e dinâmicos panoramas.

A honestidade intelectual em geral revela fatos incômodos, tendências ruins ou possibilidades decepcionantes ou ameaçadoras. Muitas vezes, significa enfrentar riscos e problemas sérios, situação difícil para muitos líderes, normalmente pessoas cheias de confiança e otimismo e enorme fé em si mesmos, em seu trabalho e nas pessoas ao redor. Eles também sabem que os sentimentos negativos emanados por um líder podem se espalhar como doença contagiosa. Logo, quando grande parte do futuro é incerta, a tentação é desviar o olhar da perspectiva de fracasso, esperar que a situação melhore por si mesma e preencher com otimismo a imaginação e os comentários que percorrem a empresa.

O desafio da honestidade intelectual é ainda mais sério porque períodos de euforia e excesso de confiança podem se alternar com épocas de pessimismo. Jeff Bussgang é um dos sócios da Flybridge Capital Partners, empresa especializada em investimentos em estágio inicial, e foi diretor de mais de uma dúzia de empresas startups. Ele deu a seguinte opinião: "Às vezes, você acha que está construindo uma empresa de bilhões de dólares; outras, tem certeza de que ficará sem dinheiro e terá de demitir a equipe e fechar a empresa."[33] Esses sentimentos negativos são agravados pelo cansaço, porque a turbulência, o esforço para decifrar a complexidade e a pressão por desempenho cobram um preço físico e mental.

Além disso, um senso de responsabilidade pessoal faz os empreendedores sentirem que tudo depende deles e que eles têm pouca margem de erro. O fundador de diversas pequenas empresas declarou: "A bola está com você. Você é responsável, presta contas por suas ações, e todos estão esperando que você aja. Geralmente, não há uma rede de proteção."[34]

Uma grande tensão permeia esses pensamentos e sentimentos. De um lado, há o compromisso intensamente pessoal com uma empresa e a fé em suas possibilidades. Do outro, há uma nítida consciência, por vezes dolorosa, de que tanto esforço prolongado, intenso e oneroso pode muito bem resultar em fracasso total. É uma tensão totalmente realista. Em um mundo empreendedor, os compromissos mais fortes e mais bem planejados são inevitavelmente frágeis.

Em um nível mais profundo, a luta para ver a realidade lembra aos líderes a falibilidade fundamental de seus esforços e da necessidade de viver e trabalhar com uma contínua e intrínseca vulnerabilidade. O professor William Sahlman, da Harvard Business School, que estudou e trabalhou com empreendedores durante três décadas, alerta sobre "a grande borracha no céu" que pode descer a qualquer momento e "apagar toda sua inteligência e esforço".[35]

Os empreendedores e muitos outros líderes agora vivem e trabalham em um mundo de compromissos falíveis, o que pode criar verdadeiros obstáculos para lidarmos com os fundamentos com sucesso e responsabilidade. Nesse mundo, é preciso coragem – no sentido exato definido por Aristóteles – para que um líder possa lidar com os princípios. Para Aristóteles, a coragem era um ponto médio entre os extremos da imprudência e da timidez – e os receios dos empreendedores podem levá-los em direção a um desses extremos. Autoconfiança, esperança, otimismo cego e euforia podem levá-los para o outro.

Um velho ditado diz que "vemos o mundo não como ele é, mas como nós somos". O desafio para os líderes em um mundo orientado para o mercado – e, muitas vezes, trata-se de um desafio complexo – é lidar com os fundamentos não somente como analistas ou máquinas pensantes, mas como seres humanos plenos. Em outras palavras, lidar com os fundamentos significa lidar consigo mesmo. Um antigo observador de empreendedores afirmou que "muitos dos maiores problemas para os empreendedores estão dentro de suas cabeças".[36]

Ambição intelectual

A honestidade intelectual pode parecer assustadora para os líderes e, com frequência, levar a lutas, mas também pode ser uma tarefa estimulante para aqueles com curiosidade e ambição intelectual. Os líderes de organizações atuais assistem de camarote às extraordinárias mudanças sociais, econômicas e tecnológicas que se desdobram no mundo. Empresas imensas, como a velha IBM, sobem, caem e, às vezes, sobem novamente. Os empreendedores estão aliando novas e velhas tecnologias e atividades para produzir uma impressionante gama de novos produtos e serviços.

Oliver Wendell Holmes Jr., importante jurista e filósofo americano, disse certa vez: "Espera-se de um homem que ele compartilhe a paixão e a ação de seu tempo."[37] Holmes acreditava que esse era um assunto sério. O risco de não agir assim era a terrível possibilidade "de não ter vivido", nas palavras dele. Um compromisso com a clareza sobre o que realmente importa para uma organização, o que realmente está mudando no mundo ao redor e quais oportunidades de recombinação criativa existem é uma tarefa exigente, emocionante, gratificante e fundamental para os líderes responsáveis, exatamente como descrita por Holmes.

Gabrielle Chanel, conhecida como "Coco" depois de desenvolver uma linha de roupas femininas que expressam um estilo distinto e contemporâneo, começou a carreira confeccionando chapéus em Paris, no início do século XX. Chanel tinha um olhar aguçado para as tendências da moda e entendeu que a invenção e a disseminação da máquina de costura trouxera novas oportunidades de produção. Ao mesmo tempo, os novos e extraordinários estabelecimentos de varejo – as grandes lojas de departamento que contavam com a tecnologia avançada de iluminação elétrica – eram atrativos e traziam milhares de novos clientes. Chanel compreendia essas oportunidades de forma intuitiva, não por causa de análises do mercado ou do segmento. Seu intenso envolvimento com as tendências da moda e sua compreensão das novas formas de confeccionar e comercializar chapéus lançaram as bases para o que se tornou um espetacular sucesso empreendedor, especialmente para uma mulher no início do século XX.

Lidar com os fundamentos não se resume a ler os relatórios dos analistas. Muitas vezes, envolve a busca e pesquisa de oportunidades, sendo que as melhores delas, quase por definição, estão em território pouco ou nada explorado ou em áreas submetidas a rápidas mudanças. Nos últimos anos, por exemplo, grandes empresas vêm correndo para desenvolver oportunidades na China, mas alguns empreendedores começaram a fazer negócios lá há décadas. Eles tiveram todas as vantagens e riscos dos pioneiros, e os líderes assistiram a tudo de camarote e, de pequenas maneiras, participaram da incrível transformação econômica ocorrida na China.

Em suma, se uma versão de "Snakes and Ladders" fosse criada para os líderes em um mundo empreendedor, um dos símbolos mais visíveis no tabuleiro representaria a coragem da honestidade intelectual e a ambição em face da incerteza, as emoções voláteis e as oportunidades emocionantes, porém desconhecidas. O jogo representaria, de certa forma, os desafios analíticos e pessoais de lidar com os princípios e o valor de lutar com empenho e coragem para ver o mundo como é. Porém, as comparações com o antigo jogo indiano são úteis até certo ponto. Nesse jogo, todos os participantes podem olhar para o tabuleiro e ver os perigos e as oportunidades. Em comparação, em um mundo recombinante, os líderes têm de criar as próprias escadas e, muitas vezes, sabem pouco ou nada sobre a localização das cobras traiçoeiras.

Eles só podem ter sucesso se forem intensamente comprometidos, apesar da vulnerabilidade e falibilidade desses compromissos. Embora os próximos capítulos enfoquem outras perguntas permanentes, as respostas emergentes para todas elas apontam para a resposta básica para a primeira dessas perguntas. O contexto quase inevitável para a liderança responsável hoje consiste em mercados fortes, sofisticados, recombinantes e, às vezes, implacáveis e voláteis. É um mundo estimulante porque valoriza as inovações e os inovadores, mas também é um ambiente perigoso e desafiador para os profissionais que querem liderar com êxito e responsabilidade.

Seu mundo cotidiano é definido não apenas pela oportunidade, mas também pela intensa pressão por desempenho, crescente complexidade, incerteza e risco e organizações fluidas e frágeis. É um mundo de compromissos profundamente falíveis, e a honestidade intelectual e suas implicações para uma organização é o passo inicial, essencial e inevitável em direção à liderança responsável e eficaz.

Os próximos dois capítulos examinam o que esses compromissos falíveis significam para a liderança responsável. Um deles pergunta: Se os compromissos estão cada vez mais difíceis de serem firmados em um mundo empreendedor, devo prestar contas sobre o quê, exatamente? O seguinte pergunta: Como faço para tomar decisões críticas de forma responsável, quando minha capacidade de previsão e controle é tão baixa?

CAPÍTULO 3

QUAIS SÃO, DE FATO, MINHAS RESPONSABILIDADES?

Os antigos romanos faziam uma pergunta a qual todas as sociedades respondem, de alguma forma: "*Quis custodies ipsos custodies?*" ou "Quem guarda os guardiões?" Os guardiões são pessoas e grupos com poder sobre terceiros, e os romanos compreendiam, por terem vivido experiências difíceis, por que eles precisavam de supervisão. Caso contrário, usariam seu poder para servir os próprios interesses, não os da sociedade. Um desafio fundamental para qualquer sociedade é responsabilizar seus guardiões – executivos, funcionários do governo, médicos, policiais e outros – pela maneira como usam o poder.

Ao mesmo tempo, os próprios guardiões precisam de padrões de responsabilização; o mesmo vale para as organizações. Os líderes precisam saber quais são suas responsabilidades e tarefas básicas, o que conta como sucesso e fracasso e como eles serão avaliados e recompensados. Sem transparência sobre a responsabilização, os líderes e a organização acabam à deriva. Portanto, a segunda pergunta permanente para os líderes é: Quais são, de fato, minhas responsabilidades?

Durante o século XX, as sociedades industriais criaram uma maneira brilhante de responsabilizar os líderes empresariais, que definia papéis e obrigações claras em um conjunto maior de práticas e determinava os grupos a cujos interesses se deve atender, as responsabilidades perante eles e quem iria monitorar e recompensar o desempenho.

Agora, com as forças de mercado em alta, essa abordagem clássica está perdendo vigor. A prática que a substitui é o sistema novo e surpreendente, até mesmo perturbador, da responsabilização com base no mercado. Se perguntarmos quem guarda os guardiões hoje, a resposta será, de forma significativa: eles guardam a si mesmos. Sua responsabilização é fortemente definida pelos compromissos escolhidos nos mercados e nas comunidades que envolvem as organizações. Para entender a revolução que esse novo sistema responsabilização representa – e por que a luta, o compromisso e a coragem desempenham papéis centrais nele –, vamos começar por analisar rapidamente a prática de responsabilização substituída por ele.

Responsabilização vertical: previsível e brilhante

Durante o século XX, o surgimento de enormes e poderosas corporações levantou questões extremamente difíceis com relação à responsabilização. Essas empresas apareceram em todas as economias avançadas, e seu poder econômico e político ameaçou muitos outros grupos da sociedade. Em determinado momento, as vendas da GM ultrapassavam os produtos internos brutos de praticamente todos os países, com exceção de quatro, e a empresa tinha operações em todos os distritos eleitorais dos Estados Unidos. Assim, um dos grandes problemas da sociedade do século XX estava em controlar essas empresas gigantescas e fazê-las servir aos interesses da sociedade. Com o tempo, surgiu uma solução: as sociedades aproveitaram a administração hierárquica, fundamental para gerenciar os gigantes industriais, e a usaram para controlá-los.

O símbolo da hierarquia é um organograma – que, infelizmente, a faz parecer simples, familiar, burocrática e entediante. Contudo, a hierarquia é uma brilhante invenção social, pois permite que meros seres humanos, com todas as suas limitações e fraquezas, coordenem atividades complexas em larga escala. Os romanos contavam com hierarquias de oficiais militares e administradores para conquistar e dominar um vasto império. Dois milênios depois, hierarquias sofisticadas deram condições aos líderes empresariais de controlar grandes organizações, apesar da complexidade tecnológica, econômica, logística e humana.

A genialidade da hierarquia está na fusão de conhecimento, poder e responsabilidade. As hierarquias consideram atividades complicadas em larga escala e as dividem em pequenas esferas. Em seguida, as pessoas com o conhecimento e as habilidades certos ficam incumbidos de cada esfera, com tarefas e obrigações claras. Um chefe avalia seu desempenho e, por sua vez, presta contas a seus superiores. A hierarquia é, basicamente, a responsabilização vertical perante terceiros. Os funcionários da linha de frente têm responsabilidade perante os supervisores, esses, perante os gerentes, que, por sua vez, prestam contas ao vice-presidente e outros executivos seniores, e esses, ao CEO.

A responsabilização vertical foi a solução encontrada pela sociedade para a questão das empresas gigantescas e poderosas. O CEO tinha um chefe, a diretoria ou o conselho de administração, responsáveis perante os acionistas ou stakeholders; as agências reguladoras supervisionavam as empresas, o poder legislativo criava leis e regulamentos, e a sociedade responsabilizava o poder legislativo por meio de eleições democráticas.

A realidade, é claro, era muito mais confusa, mas o conceito de prestação de contas por meio da hierarquia tinha extraordinário poder conceitual e prático e permeou a sociedade do século XX. Igrejas lideradas por bispos, Forças Armadas lideradas por generais e cidades lideradas por prefeitos eram variações do mesmo tema básico. A responsabilização vertical se tornou a contrapartida secular da "grande cadeia de existência" medieval, na qual Deus estava à frente de um universo ordenado por meio de exércitos de anjos, reis, governantes locais e chefes de família.[1]

Também é fácil criticar a responsabilização vertical, que pode se degenerar em uma introspectiva e maçante burocracia. Contudo, esse sistema de prestação de contas evoluiu com o milagre econômico do século XX e ajudou a tirar bilhões de pessoas da pobreza cruel e extrema. A tecnologia, os mercados e os direitos de propriedade também desempenharam papéis críticos, mas a prestação vertical de contas controlou, direcionou e legitimou o poder econômico e político sem precedentes das gigantescas máquinas industriais do século XX e dos guardiões que as administravam.

A responsabilização vertical continua a ser importante hoje, mas agora está se enfraquecendo em termos conceituais e práticos, por causa da nova mão invisível. Ela está corroendo a genial fusão de conhecimento, poder e responsabilidade. O problema surgiu nas últimas décadas do século XX e tem se agravado nos últimos anos.

A vacuidade da responsabilização vertical

Para os líderes empresariais, o problema conceitual com a responsabilização vertical é a ausência de uma resposta para a pergunta fundamental: saber se os CEOs e os conselhos de administração são responsáveis por gerar lucros para os acionistas ou por atender aos interesses de uma ampla gama de stakeholders. Essa pergunta provocou um acalorado debate que durou quase todo o século XX. A controvérsia teve valor porque levantou importantes questões da filosofia política e econômica, mas o debate não terminou, e a pergunta central permaneceu sem resposta.[2]

CEOs e conselhos de administração lidaram com o problema evitando a questão na maior parte do tempo. Eles se concentraram principalmente sobre os lucros, mas também anunciaram contribuições mais amplas de suas empresas para a sociedade – e os estadistas industriais mostraram o caminho a ser seguido. Usando seus "chapéus industriais", administraram empresas voltadas para o lucro, crescimento e retorno. Como estadistas, explicaram, de forma convincente, aos stakeholders quais eram as contribuições da empresa – na forma de empregos, tecnologia, receitas fiscais e apoio financeiro para as atividades da comunidade – e, assim, legitimavam o poder e os lucros. O poder de mercado com frequência tornava essa abordagem possível e prudente. Por exemplo, certa vez, perguntaram ao CEO da IBM, Thomas Watson Jr., por que a empresa conseguia ser tão progressista, e ele supostamente respondeu: "Porque meu pai não fundou um frigorífico."

Nas últimas décadas, no entanto, o problema crônico da prestação de contas entre acionistas e stakeholders se evidenciou. Uma razão foi a concorrência japonesa e, posteriormente, a asiática, que geraram terceirizações e demissões e promoveram um abismo entre os interesses dos proprietários e os dos trabalhadores e comunidades locais. Outra razão foram as hostis aquisições, que aprofundaram ainda mais o abismo. Um terceiro fator – os mercados recombinantes e ágeis – mudou o debate sobre prestação de contas de forma mais profunda, esvaziando grande parte do significado.

Considere o lado do debate que afirma que os CEOs e as empresas têm a responsabilidade principal ou exclusiva perante os acionistas. Quem são eles: sofisticadas instituições com uma perspectiva de longo prazo, pessoas que administram os recursos para suas aposentadorias, altos executivos com remuneração com base em ações, fundos soberanos que representam os interesses de outros países, softwares que monitoram índices, corretores que seguram um papel por alguns dias ou horas ou supercomputadores que fazem negociações de alta frequência e compram e vendem ações em nanossegundos? O controle acionário da maioria das empresas listadas na Bolsa de Valores muda rapidamente hoje. Portanto, os CEOs devem ser responsabilizados pelo grupo de proprietários atual, pelo grupo de proprietários futuros ou por uma mescla ideal de ambos? Os acionistas institucionais e individuais relativamente estáveis do século passado foram substituídos por uma matriz continuamente recombinante de proprietários.

A proposta de responsabilização dos stakeholders tem um problema semelhante. Durante o século XX, os stakeholders de uma empresa eram claramente identificáveis – um estável grupo de funcionários, o sindicato, a comunidade local, o governo local e federal e um grupo relativamente fixo de acionistas. Mas quem são os "stakeholders" de uma empresa global? Elas têm centenas de significativos grupos interessados no que fazem, e eles se modificam conforme a estratégia da empresa e a economia mudam.

No final do século XX, os dois lados do debate sobre a responsabilização se assemelhavam a uma dupla de boxeadores exaustos, se escorando mutuamente depois de uma longa luta. Cada um dos lados ainda tinha ardorosos fãs, mas a lógica básica da responsabilização vertical permanecia sem solução. Não havia resposta para a pergunta central sobre o propósito da empresa: A quem os executivos e diretores deveriam prestar contas e pelo que deveriam ser responsabilizados? Esse era um grande problema da responsabilização vertical, mas não o mais grave.

A impotência da responsabilização vertical

Os críticos do mundo acadêmico costumam se referir a um professor imaginário que diz com condescendência: "Pode ser verdade na prática, mas vamos ver se também é na teoria." O problema fundamental com a responsabilização vertical é que ela não se comprova na prática nem na teoria. Até o final do século XX, os conselhos de administração e as agências reguladoras – dois degraus críticos da escada da prestação de contas – sofreram generalizadas críticas e vinham gerando evidentes fracassos. A prova mais viva para essa conclusão são os graves eventos – o escândalo da Enron e a crise financeira mundial – que abriram e fecharam a década de 2000.

A implosão da Enron foi terrível por si só, mas foi apenas uma entre muitas empresas, grandes e pequenas, que entraram em crise com a bolha da internet. Por todos os padrões tradicionais de responsabilização, a Enron tinha um Conselho de Administração de primeira linha, como muitas das outras organizações que entraram em crise, e todas, inclusive a Eron, eram reguladas por várias entidades estaduais e federais. O que aconteceu de errado com esses conselhos de administração? Seus integrantes eram líderes ilustres e bem-sucedidos, mas, em geral, faziam muito pouco e quando já era tarde demais. No entanto, em retrospecto, seu fracasso parece quase inevitável.

Como esses observadores em tempo parcial, por mais bem-intencionados e bem-sucedidos em suas áreas de atuação, poderiam garantir a prestação de contas para complicadas empresas, que concorrem em vários tipos de negócio no mundo e estão envolvidas em atividades altamente complexas e dinâmicas? A maioria dos conselhos de administração se reúne cerca de seis vezes por ano, dedica dois dias para cada reunião e aloca uma substancial e crescente parcela desse tempo para questões de processo e de *compliance*, o que deixa pouco tempo para se aprofundar em problemas complexos.

Os interesses e engenhosidade dos CEOs com frequência agravavam o problema. Como um conselho de administração composto por observadores externos em tempo parcial pode evitar ser dominado por *insiders*, ou profissionais do ramo, que trabalham em tempo integral, detentores das competências, informações, relacionamentos e traquejo para administrar organizações grandes e complexas? Essa pergunta quase responde a si mesma. Alguns CEOs têm sérias dúvidas – expressas apenas em sigilo – sobre o valor real de todo o tempo e energia que um conselho de administração exige. O diretor de uma grande empresa de investimentos expressou sua opinião sem rodeios, dizendo que a ausência de um conselho de administração convencional significava que ele poderia se concentrar nos três grupos que realmente importavam para um negócio: os clientes, os investidores e os empregados.[3]

Mesmo CEOs que tentam desenvolver relações de colaboração com seus conselhos de administração às vezes têm essas dúvidas. Um ex--CEO altamente respeitado, atualmente diretor de diversas empresas de prestígio, disse recentemente que, enquanto os conselhos de administração não conseguissem controlar a remuneração dos executivos, seria difícil levar os demais esforços de governança a sério.[4] Infelizmente, estudos estatísticos em larga escala confirmam que os conselhos de administração muitas vezes não conseguem vincular a remuneração dos executivos ao desempenho da empresa. Em vez disso, a remuneração é determinada por alguma combinação de poder gerencial e de forças de mercado mais amplas.[5]

Depois que a Enron e outras empresas entraram em crise, o Congresso americano aprovou a Lei Sarbanes-Oxley, concebida para fortalecer a governança dos conselhos de administração. Mas foi eficaz? A resposta envolve outro sério evento ocorrido na década de 2000: a crise financeira que quase causou uma depressão mundial. A Lei Sarbanes-Oxley pode ter trazido vitórias invisíveis, mas não ocultou ou remediou as profundas falhas da tradicional governança vertical. Todos os bancos que quebraram ou chegaram perto da falência tinham conselhos de administração impressionantes, geralmente compostos por executivos dedicados, sensatos, bastante experientes e bem-sucedidos. Por causa das reformas promovidas pela Sarbanes-Oxley, seus comitês de auditoria consistiam primordialmente em conselheiros independentes, com expertise na área financeira. Mesmo assim, pouquíssimos conselhos de administração e empresas evitaram a enorme catástrofe financeira.

Muitos fatores contribuíram para esse fracasso da governança vertical, mas a recombinação voltada para o mercado desempenhou papel central. Os produtos e serviços financeiros oferecidos por grandes bancos são extremamente complexos e negociados diariamente em grandes volumes em mercados de rápida movimentação. A crise financeira revelou que muitos corretores experientes, gerentes e CEOs das empresas não compreendiam toda a complexidade e as implicações dos produtos que compravam e vendiam, tampouco a dos mercados interconectados que abrangiam suas empresas. Se os profissionais da área não sabiam o que se passava, o que se poderia esperar de observadores externos em parcial de tempo, os membros dos conselhos de administração?[6]

Tudo isso aconteceu enquanto o outro elemento crucial da governança vertical, a supervisão do governo, também falhava – mesmo em gigantescos bancos comerciais, como o Citigroup, regulamentados de perto durante décadas por uma infinidade de agências governamentais. Em retrospectiva, podemos perceber importantes lacunas na regulamentação bancária, mas por que elas existiram? Um fator é a dificuldade que os reguladores enfrentam para se manterem atualizados sobre a infinidade de inovações complexas nos mercados multitrilionários de serviços financeiros. Outro fator é a influência que empresas de Wall Street têm sobre o Congresso e os reguladores dos Estados Unidos, que normalmente desestimula a regulação e outros limites para o CEO ou o poder corporativo. Wall Street, contudo, não está sozinho nesses esforços. As corporações de todos os tipos estão atuantes no mercado de influência do governo, e até mesmo as menores mudanças na responsabilização vertical – como a divulgação mais detalhada sobre a remuneração de executivos – podem encontrar implacável resistência.[7]

Em suma, o equilíbrio de poder tem se deslocado em direção aos CEOs e profissionais do ramo e se afastado dos conselhos de administração e órgãos reguladores do governo. Essa medida enfraquece seriamente a responsabilização vertical. Com isso, é bastante provável que a recombinação voltada para o mercado irá fortalecer ainda mais o poder dos executivos. Se existe alguém capaz de compreender o que está acontecendo dentro das empresas recombinantes e dos mercados globais dinâmicos, são os CEOs e gerentes seniores, imersos durante 60 ou 70 horas por semana nas delicadas questões de suas organizações. Eles têm conhecimento, relacionamentos e controle sobre a informação. Em geral, alcançaram seus cargos de liderança graças ao talento, trabalho duro e incessante, traquejo organizacional e espertza. Todos esses recursos podem ser mobilizados para limitar ou impedir a ação de outras partes envolvidas na governança tradicional.

A New Century Financial Corporation, empresa de hipotecas de rápido crescimento, mas que acabou indo à falência, é um exemplo claro e desanimador. A empresa, fundada em 1995, teve crescimento rápido. Sua estratégia dependia bastante da criação de hipotecas subprime e, em seguida, de CDOs (*Collateralized Debt Obligation*) a partir delas ou da venda de hipotecas aos bancos especializados nisso. Após o enfraquecimento do mercado imobiliário, em 2005, surgiram sinais de alerta para a New Century. Durante um período de 18 meses, o Conselho de Administração se reuniu 22 vezes, enquanto o Comitê de Auditoria do Conselho se reuniu 60 vezes. Apesar desses esforços, a empresa faliu. O tempo e os litígios podem, com o tempo, mostrar o nível de corrupção, negligência ou supremacia do CEO que contribuiu para essa e outras catástrofes. Contudo, os produtos eram inovadores e difíceis de compreender e de avaliar, o que dificultou sobremaneira a tarefa de terceiros, e, aparentemente, a do próprio Conselho de Administração de avaliar as operações e os riscos da empresa.

O desafio para a sociedade e suas instituições políticas é enorme, comparável aos criados há mais de um século com o surgimento das enormes máquinas industriais. Seus executivos eram poderosos porque o controle dessas enormes e altamente rentáveis operações lhes conferia influência econômica e política. Hoje, o poder dos executivos emana do conhecimento – sobre as complexidades da tecnologia, o ritmo da recombinação e a vasta gama de oportunidades oferecidas pelos mercados globais – e tende a crescer conforme a corrida da inovação global ganha ímpeto. A inovação muitas vezes supera, e às vezes deixa para trás, conjuntos inteiros de regulamentações, leis e normas de comportamento ético.

Além disso, muitas das inovações de hoje envolvem requintadas combinações e recombinações de módulos complexos, e as únicas pessoas que entendem plenamente essas complexidades são os líderes e as equipes com envolvimento direto com elas. Isso se aplica aos CDOs, aos sistemas de freio da Toyota e às operações da BP no Golfo do México. As avaliações dessas pessoas sobre o risco, benefícios, oportunidades e perigos tinham importância crítica. Outros grupos estavam do lado de fora e olhando para dentro das empresas e, com frequência, chegavam tarde demais: os reguladores acabavam apagando o incêndio após uma catástrofe, em vez de fornecer cuidados preventivos.

Em suma, a responsabilização vertical foi duplamente atingida: falha conceitualmente porque não tem um padrão definitivo de responsabilização e institucionalmente, visto que os conselhos de administração e os reguladores lutam para se manter a par da complexidade e do ritmo de mudança cada vez mais acelerado nas organizações que deveriam monitorar. Pior, alguns conselhos de administração e reguladores muitas vezes são fortemente influenciados pelos líderes que deveriam fiscalizar. Então, onde ficamos nessa história? Quem guarda esses poderosos guardiões?

Responsabilização horizontal, com base no mercado

Um novo sistema de prestação de contas está substituindo o antigo. É a governança exercida pelos mercados e não pelas instituições tradicionais, como conselhos de administração e órgãos reguladores. Ela é "horizontal" no sentido de que os mercados, conforme explicado no capítulo anterior, envolvem e até mesmo permeiam as empresas hoje. É uma responsabilização multimercado porque se baseia em todos os mercados que envolvem empresas – não apenas o financeiro, mas os de talento, parceiros, ideias, clientes e significado – para direcionar e restringir líderes e organizações. A essência desse sistema emergente de responsabilização é que os líderes e organizações assumem compromissos – mais precisamente, compromissos bem definidos, elaborados conjuntamente, em evolução e que, às vezes, passam por mudanças significativas –, cujo cumprimento é observado pelos poderosos mercados que envolvem muitas empresas.

Se uma empresa tem êxito, os mercados disponibilizam mais recursos e dão mais poder de decisão a ela e seus líderes. Se não, os mercados retiram os recursos e passam a observar os líderes de perto. Os novos empreendimentos são um exemplo claro. Eles crescem e prosperam em pequenos passos, e cada um atrai ou não fundos, talentos, ideias e outros recursos de mercados à sua volta. Quando esses novos empreendimentos fracassam, os mercados retiram recursos, frequentemente com rapidez. Essa mesma combinação de disciplina e oportunidade agora está remodelando grandes empresas, mesmo os gigantes mundiais, à medida que os líderes perdem a capacidade de controlar e subjugar mercados e devem vencer ou fracassar naqueles nas quais suas empresas atuam.

A responsabilização horizontal está se tornando cada vez mais comum, por motivos que já vimos: mercados de todos os tipos estão cada vez mais poderosos e sofisticados, o que dificulta para as empresas usar as táticas de contenção de mercados empregadas por vários líderes do século XX, entre as quais estão arcar com o financiamento próprio de grandes investimentos para reduzir a pressão de buscar recursos no mercado, tornar clientes reféns por meio de várias práticas, integrar para trás e gerar intriga entre os fornecedores, oferecer empregos vitalícios para limitar o mercado de talentos, criar enormes laboratórios próprios de Pesquisa e Desenvolvimento para minimizar a dependência de ideias e capacidades externas, fazer vigoroso lobby em todos os níveis de governo para limitar a concorrência e contar com seus líderes para atuar como estadistas públicos e gerar amplo apoio para a empresa.

Muitos executivos ainda usam essas táticas quando podem, mas é mais difícil em um mundo schumpeteriano. Um crescente número de empresas vem sendo disciplinado pelo mercado de investidores, clientes, altamente especializados parceiros estratégicos potenciais e reais e pessoas talentosas e inquietas. Os mercados dão opções aos grupos. Assim, quando uma empresa não consegue lhes atender, eles a abandonam e buscam outra. Esses mercados têm grande poder porque se reforçam mutuamente: quando os clientes buscam outras empresas, os investidores, empregados talentosos e empresas parceiras muitas vezes vão atrás deles, em busca de melhores oportunidades.

Essa evolução é impressionante, atrativa e perturbadora. O sistema emergente se destaca porque as operações e ética implícita são muito diferentes das da clássica responsabilização vertical e deu aos líderes papéis definidos e responsabilidades específicas em uma estrutura maior e fixa de monitoramento, avaliação, recompensas e punições. Esse sistema ainda não se extinguiu – os líderes ainda estão vinculados a leis, regulamentos, relações de subordinação e deveres fiduciários –, mas um mundo recombinante enfraquece sensivelmente a brilhante fusão de poder e responsabilidade da responsabilização vertical. Para o bem e para o mal, os mercados agora guardam os guardiões.

Por isso, a questão da responsabilização de um líder em um mundo empreendedor tem uma resposta ética distinta. A pergunta não é apenas: "Quais são meus deveres no modelo de regras e requisitos definido por uma clássica hierarquia vertical de chefes e supervisão regulatória?" A pergunta também é: "Quais compromissos firmei pessoalmente, e quais compromissos já firmamos como organização, perante pessoas e grupos nos mercados e sociedades à nossa volta?" Vistos desta forma, os compromissos que definem a responsabilização em um mundo empreendedor são atos morais criativos e não envolvem subordinação a qualquer regra estabelecida da sociedade ou a uma decisão tomada por um chefe. Em vez disso, a responsabilização tem origem na obrigação de cumprir compromissos segundo o espírito de alguns objetivos elaborados em conjunto, provisórios e em evolução.

A responsabilização horizontal e multimercado é atrativa, pelo menos em princípio, porque parece bastante adequada a um mundo recombinante e fluido. Uma razão é o fato de os mercados serem tão poderosos e intrusivos. Eles podem ser a única instituição social com poder e sofisticação para responsabilizar as empresas e líderes. A responsabilização lateral não depende de vagas pseudométricas, como o valor para o acionista ou benefícios para os stakeholders, mas mantém as empresas e os executivos responsáveis pelo alcance de uma série de objetivos específicos. Se os líderes empresariais cumprem esses compromissos, as empresas sobrevivem e prosperam. Caso contrário, precisam renovar seus esforços, renegociar os compromissos ou enfrentar o fracasso.

A responsabilização por meio de compromissos de mercado também é atrativa porque se alia a uma boa dose de flexibilidade. A melhor maneira de perceber isso é olhar como os empreendedores criam empresas. Quando se lançam ao desafio, eles têm uma ampla gama de escolhas: podem procurar parceiros e recursos à exaustão, mas, com o tempo, acabam criando um conjunto personalizado de compromissos: detalham os compromissos financeiros para determinado grupo de investidores, se comprometem em fornecer e desenvolver um tipo específico de produto ou serviço para um subgrupo específico de clientes, assumem compromissos de oferecer emprego para os talentos exigidos pela empreitada e, muitas vezes, estabelecem parcerias para garantir os recursos de que precisam. E também podem assumir compromissos sociais mais amplos perante as comunidades e sociedades às quais pertencem.

As vantagens da responsabilização com base no mercado – monitoramento poderoso, vigilante e externo e flexibilidade e adaptabilidade em um mundo fluido – podem ser facilmente obscurecidas se fizermos uma jocosa analogia com o capitalismo selvagem movido pela ganância, segundo o qual vale tudo. Em contrapartida, a realidade é que os mercados eficazes exigem governos atuantes e independentes, que possam fazer valer a lei, garantir um nível mínimo, porém crítico, de ética empresarial, remediar fatores externos e promover a concorrência justa e aberta.

Trata-se de uma fundamental e profunda verdade sobre as economias capitalistas eficazes e sobre a responsabilização vertical e horizontal.

Um equívoco semelhante ocorre com a responsabilidade social corporativa em um mundo de responsabilização horizontal voltada para o mercado. A analogia é que as empresas e os líderes têm de seguir os ditames dos mercados e têm pouco tempo ou energia para iniciativas sociais mais amplas. Mas essa resposta ignora o papel crucial da criatividade, da liberdade e do compromisso em um mundo com base no mercado. Os líderes e as organizações são livres para buscar uma variedade de iniciativas – desde que possam formar um grupo de outras partes, nos mercados e comunidades, que forneçam apoio sustentado.

Muitas empresas empreendedoras assumem sólidos compromissos com a responsabilidade social, com total apoio dos investidores, empregados, parceiros e outros grupos nos mercados em que atuam. Em muitos casos, esses compromissos sociais as ajudam a atrair os talentos, os parceiros e os investidores de que precisam. Outras organizações empreendedoras vão ainda mais longe e criam híbridas recombinações das tradicionalmente consideradas organizações com e sem fins lucrativos. Um exemplo é a Generation Investment Management, fundada em 2004 para se concentrar em investimentos que envolvam a sustentabilidade no longo prazo. A empresa deixou seus objetivos claros, contratou analistas com um conjunto distinto de valores e experiências, conseguiu levantar vários bilhões de dólares em fundos de investimento e obter significativos retornos.[8] Outro exemplo é o Aravind Eye Hospital, em Madurai, na Índia – operação em grande escala, de alta eficiência, quase industrial –, cujo fundador se perguntara: "Será que a cirurgia de catarata poderia ser comercializada como hambúrgueres? Temos de fazer algo parecido para tratar dos 20 milhões de cegos na Índia."[9]

Alguns analistas argumentam agora que um novo setor da economia está surgindo, com base no que tem sido chamado de empresa *for benefit* – organizações criativamente recombinantes; como uma recente descrição sobre esses esforços ressaltou: "As empresas com fins lucrativos abordam questões sociais e ambientais; as sem fins lucrativos desenvolvem modelos de negócios sustentáveis, e os governos criam abordagens fundamentadas no mercado para prestar serviços. A partir dessa indefinição de fronteiras tradicionais, um modelo diferente de empresa está surgindo, impulsionado por empreendedores motivados por objetivos sociais."[10] Desde os anos 2000, os empreendedores sociais vêm, sem dúvida, mudando o panorama da educação, desenvolvimento, saúde pública e da pobreza em todo o mundo.[11]

No entanto, as pressões por desempenho em um mundo orientado para o mercado podem ser intensas, o que significa que, na maioria dos casos, os líderes precisam encontrar compromissos sociais que reforcem suas estratégias globais e os ajudem a criar e sustentar relações importantes nos mercados, ecossistemas e sociedades aos quais suas organizações pertençam. A margem de erro é menor em um mundo altamente competitivo. Como resultado, os líderes precisam pensar com cuidado e de forma analítica, e não apaixonada e inspirada, sobre como os compromissos sociais assumidos afetarão suas organizações e os complexos mercados em torno delas.

A resposta da IBM ao terrível tsunami do Sul da Ásia, em 2004, é um exemplo expressivo dessas possibilidades. Centenas de empregados da IBM responderam poucas horas depois de ouvir as primeiras notícias. Em poucos dias, a empresa havia criado um novo banco de dados que permitiu aos cidadãos, bem como aos socorristas, registrar e tomar conhecimento das vítimas, doenças, problemas de logística e outras necessidades. Pouco depois, a empresa criou sistemas de telecomunicações para conectar o pessoal dos serviços de emergência em toda a região. Uma vez que a crise imediata terminou, a IBM começou a trabalhar com as Nações Unidas, com a USAID (United States Agency for International Development) e outras agências para compartilhar a tecnologia que desenvolvera e aprimorar os procedimentos para o desastre que viesse a seguir.

Foi um projeto de responsabilidade social corporativa exemplar com um foco claro, construído sobre os pontos fortes da IBM, que atraiu outras organizações com recursos complementares e ajudou a atender a uma premente necessidade social.[12] É bem provável que os empregados da IBM tenham aprendido novas habilidades, que a empresa tenha construído ou reforçado suas relações com outras partes no seu ecossistema e desenvolvido uma tecnologia que possa ser comercializada no futuro. Os líderes e funcionários da IBM podiam sentir genuíno orgulho sobre a rapidez e determinação com as quais ajudaram a resolver um gravíssimo problema social.

A combinação de flexibilidade, customização e responsabilização exigente faz a responsabilização horizontal parecer – em princípio, pelo menos – bastante atrativa, mas também é preocupante. Essa abordagem concede poder aos mercados, que, muitas vezes, falham. Os poderosos agentes do mercado podem fazer exigências que satisfaçam a seus interesses, não aos de uma organização – algo que os fundadores de empresas ocasionalmente alegam que os capitalistas de risco fazem. Além disso, não há garantias de que o governo irá tomar medidas para assegurar que os mercados se mantenham saudáveis e atendam a interesses maiores. O governo pode agir tarde demais, como aconteceu na crise financeira, ou pode ser indevidamente influenciado por interesses de empresas poderosas.

No entanto, apesar de todos os perigos e desafios, a responsabilização com base no mercado veio para ficar, pelo menos, no futuro previsível. Por isso, os líderes que desejam gerenciar com responsabilidade enfrentam desafios particularmente complexos quando fazem a segunda pergunta permanente – *Quais são, de fato, minhas responsabilidades?* – e tentam cumprir compromissos pessoais e organizacionais precisos, mas em evolução.

A responsabilização com base no mercado e a boa luta

A responsabilização lateral pode soar atrativa, e até estimulante. Os líderes podem, em princípio, fazer um levantamento e decidir que compromissos querem fazer com quais grupos. Eles são seus próprios guardiões porque podem propor e moldar os compromissos específicos que fazem nos mercados e comunidades com os quais as organizações estão envolvidas. A responsabilização lateral, todavia, também explica por que a luta e a coragem definem a liderança responsável hoje. Há quatro razões para isso.

Em primeiro lugar, a responsabilização com base no mercado impõe rigorosas exigências sobre os líderes. Uma vez que firmam um compromisso, eles geralmente têm de cumprir claras e exigentes metas de desempenho, sob rigoroso controle. Os investidores, clientes, funcionários imprescindíveis, parceiros de tecnologia, comunidades e outras partes não dizem: "Ótima ideia. Peguem nosso tempo, nossos recursos e apoio e boa sorte; mantenham-nos informados." Em vez disso, eles criam uma série de metas intermediárias e monitoram com cuidado o desempenho do líder.

Em segundo lugar, terceiros muitas vezes querem ter um papel na tomada de decisões importantes e fazem negociações acirradas para obtê-lo. Os mercados os empoderam porque um mundo de mercados é um mundo de opções. Investidores, talentos, parceiros estratégicos e outros grupos do mercado e da comunidade com recursos críticos a oferecer para uma organização costumam ter alternativas e podem se envolver em duras negociações para obter papéis importantes na tomada de decisões. Eles querem influenciar, passo a passo, etapa por etapa, a forma como seus recursos são utilizados, os riscos que correm e a fatia do bolo que receberão.

As empresas de capital de risco e de private equity são exemplos claros disso. Elas não têm interesse em investir em uma nobreza financeiramente autônoma. Elas investem em etapas e trabalham com empreendedores para criar benchmarks de desempenho para o curto e médio prazos, e os sócios trabalham em estreita colaboração com os executivos das empresas do portfólio para fornecer orientação e expertise de todos os tipos. Esses investidores têm o poder – e não têm receio de usá-lo – de proteger seus interesses, monitorando ativamente a situação e, por vezes, intervindo.

É comum que as empresas de capital de risco estejam entre as muitas partes envolvidas com as empresas empreendedoras. Elas sabem que essas organizações fornecem financiamento, talento, capacidades e os clientes iniciais. No curto prazo, várias partes podem estar intimamente ligadas a uma nova empresa. Assim, durante esse período, elas querem influenciar significativamente as decisões e conseguem, porque, no médio prazo, podem sair de cena. Assim como as empresas de capital de risco podem negar ou reduzir a próxima etapa de investimento, os melhores talentos podem se mover rapidamente para outras oportunidades, os parceiros estratégicos podem reduzir os recursos que oferecem e os clientes podem procurar outra empresa.

A terceira razão pela qual a responsabilização lateral cria lutas difíceis para os líderes é que eles têm de responder a esses desafios enquanto administram organizações cada vez mais complexas. As empresas do século XX vêm sendo descritas como ilhas de controle gerencial cercadas por um mar de relações de mercado. Mas, agora, os mercados estão inundando as ilhas. Informações, pessoas e recursos fluem continuamente pelas fronteiras das organizações, em resposta às forças de mercado.

Se a clássica imagem da empresa do século XX era uma linha de montagem ou o gigantesco complexo River Rouge, construído por Henry Ford – uma imensa máquina que pegava o minério de ferro e a borracha e produzia os Modelos T, sob o controle de uma hierarquia de executivos e gerentes de carreira da Ford –, a nova imagem é a da empresa como uma plataforma. As organizações, particularmente as empreendedoras, são cada vez mais plataformas para uma variedade de atividades em módulo em constante mudança.

O desafio agora é que mais e mais organizações são híbridos complexos do velho e do novo. A hierarquia não desapareceu. As empresas ainda estão estruturadas em grandes e estáveis blocos organizacionais, e essas operações precisam ser máquinas estáveis, eficientes e com foco. Contudo, surge uma extraordinária complexidade quando as hierarquias tradicionais devem coexistir sob o mesmo teto organizacional como redes fluidas, dinâmicas, de módulos orientados para o mercado. Se uma organização hoje não for altamente direcionada e eficiente, a concorrência irá corroer suas margens, e ela irá à falência. Ao mesmo tempo, se uma organização não for uma coerência de informações, conhecimentos, aprendizagem, experimentação e criatividade, irá se fossilizar e perecer.

Se a antiga imagem de uma organização era a de uma grande máquina que manufaturava produtos, a nova imagem é a da internet e da web. A internet é composta por roteadores, servidores, hubs de dados e outros avançados equipamentos de telecomunicações. Assim, é o equivalente contemporâneo das grandes empresas industriais do século XX: ela precisa ser altamente eficiente e extremamente confiável. A web, em contrapartida, é a rede infinita e interligada de dados e de conhecimento que flui pela internet e simboliza a forma como as organizações contemporâneas precisam ser fluidas, abertas, flexíveis e quase continuamente experimentais e recombinantes.

A última razão pela qual a responsabilização lateral cria lutas difíceis para os líderes precisa de poucas explicações. Um mundo recombinante e orientado para o mercado é incerto e, muitas vezes, turbulento. Como resultado, os líderes têm de responder a surpresas, choques e oportunidades – ao mesmo tempo que se empenham em atender a demandas específicas, muitas vezes severas, trabalhando sob a atenta supervisão de terceiros, compartilhando autoridade com partes poderosas e móveis e tentando compreender e gerenciar organizações muito complexas.

A luta para atender às demandas da responsabilização lateral é árdua? Uma indicação é a alta taxa de fracasso de até mesmo a iniciativa empreendedora mais bem financiada, administrada e sustentada. A nova mão invisível coloca as organizações em uma corda bamba. Muitas despencam e não encontram uma rede de segurança para ampará-las.

A outra indicação é o preço que a responsabilização lateral cobra dos líderes. Em geral os empreendedores vivem para o trabalho. Eles sacrificam muito para obter o que desejam, às vezes, explicado apenas como o desafio de fazer o necessário para construir uma nova organização ou para criar um novo produto ou serviço. Porém, um exame mais atento mostra que as exigências da liderança responsável em um mundo empreendedor resultam, fundamentalmente, em atender às demandas de vários mercados exigentes, em condições de intensa pressão competitiva, de alta incerteza e escassos recursos – as características básicas de uma economia recombinante orientada para o mercado. Os recursos não estão bloqueados – as pessoas e grupos que os controlam podem ir para outros lugares com bastante rapidez, o que fragiliza as novas organizações, montadas rapidamente e desmontáveis rapidamente também.

Nas máquinas corporativas gigantescas, estáveis e poderosas do século XX, os líderes tinham o tempo, os recursos e o staff para analisar, negociar e gerenciar relacionamentos em evolução. Na maior parte das vezes, essas relações mudavam de forma lenta e previsível. Isso tudo é muito menos comum hoje em dia, até mesmo para líderes em grandes empresas já consolidadas. Em um mundo fluido, incerto e continuamente recombinante, cumprir um conjunto de compromissos simultâneos é um desafio abrangente, que muitas vezes se parece com uma luta incessante. É uma perspectiva profundamente desafiadora; então, por que os profissionais capazes deveriam assumi-la?

Florescimento

A resposta para essa pergunta se encontra, em parte, em uma surpreendente conexão entre uma ideia muito antiga e o pensamento de muitos empreendedores hoje. Se alguém perguntar a um empreendedor por que ele dedica tanto de si mesmo a um esforço incerto e árduo, a resposta, muitas vezes, será o que ele está tentando construir ou criar. Às vezes, é um produto ou um serviço; outras, um tipo específico de organização. Perto do fim da carreira, por exemplo, Steve Jobs disse que seu maior orgulho não foram os notáveis produtos que ajudou a desenvolver, mas a duradoura empresa que construiu, algo que seus heróis pessoais, Bill Hewlett e David Packard, tinham feito na criação da Hewlett-Packard.[13]

A antiga ideia é de Aristóteles. A versão moderna é "florescimento".[14] A razão básica de Aristóteles pela qual homens e mulheres deveriam levar uma vida virtuosa é que eles e suas comunidades floresceriam se isso acontecesse. Hoje, uma organização florescente é uma comunidade humana forte e em crescimento, e uma empresa florescente é uma criação humana esplêndida, extraordinariamente complexa – valiosa em si mesma e também pelo que faz para os outros.

Quando os líderes ajudam a criar organizações prósperas e de sucesso, estão concretizando algo de profundo valor humano. A organização florescente é uma fonte de empregos, treinamento, desenvolvimento pessoal, receita fiscal para as comunidades, novos produtos e serviços, orgulho e significado – junto com um fluxo de lucros que beneficia um grande número de investidores. Infelizmente, muitas comunidades em todo o mundo aprenderam, muitas vezes pela dor, o valor das empresas florescentes, porque suas empresas locais perderam terreno, transferiram as operações para locais com mão de obra de baixo custo ou fecharam as portas. Lutar com êxito para criar, construir e liderar um negócio em expansão é um ato notável, difícil e valioso da criatividade humana e da contribuição social. Pessoas que fazem isso ou que simplesmente tentam estão direta e profundamente engajadas na boa luta.

Hoje, em um mundo turbulento, uma organização florescente é frágil. Em um mundo multimercado, é necessário o dedicado, árduo e interminável esforço de um líder e de uma equipe gerencial para construir e defender uma organização vigorosa e vital. Quando os líderes enfrentam esse desafio, devem, justamente, se sentir orgulhosos e merecem profundo respeito. David Lilienthal, que liderou a Tennessee Valley Authority por 20 anos e, em seguida, dirigiu a Atomic Energy Commission, uma vez escreveu: "A vida gerencial é a maior, mais exigente e, sem dúvida, mais abrangente e sutil de todas as atividades humanas." Seu objetivo, ele acreditava, era "liderar, influenciar e trazer à tona as capacidades – e sonhos – latentes de outros seres humanos".[15]

O que os líderes responsáveis também entendem é que padrões rígidos de responsabilização podem, na realidade, fortalecer suas organizações. Alguns empreendedores procuram "dinheiro burro" para que tenham mais liberdade para fazer o que quiserem. Mas o dinheiro burro pode sair muito caro, porque priva o líder e a organização do conhecimento, das experiências, da orientação e da ocasional "palmada de amor" fornecidos pelos observadores externos inteligentes, experientes e vigilantes.

Os líderes de negócios costumam ter uma visão ambivalente dos mercados. Os mercados livres lhes permitem oferecer novos produtos e serviços, criar novas empresas e se expandir geograficamente. Porém, à medida que os mercados se tornam mais competitivos, os lucros caem, e seu trabalho se torna mais difícil. Por isso, as gigantescas empresas do século XX inventaram tantas maneiras – cartéis, protecionismo, medidas regulatórias, arranjos tácitos sobre preço e capacidade de expansão, entre outras – de moderar e controlar os mercados. Os grandes estadistas industriais do século XX se dedicaram bastante a gerenciar ou reduzir as pressões competitivas sobre suas empresas.

Em uma dinâmica e recombinante economia, os líderes corajosos e de visão vão trabalhar com empenho para dissipar a preocupação estratégica do século XX de bloquear e gerenciar a pressão competitiva. Perguntarão quais são as pressões do mercado que as empresas devem buscar ativamente a fim de se fortalecerem no longo prazo, algo que as empresas empreendedoras fazem rotineiramente porque não têm escolha. Elas normalmente precisam ultrapassar grandes concorrentes já consolidados e competir acirradamente por clientes, fornecedores e recursos. A intensa pressão da concorrência costuma fortalecê-las.

As corajosas perguntas que os líderes responsáveis devem fazer hoje são: Que compromissos bem definidos quero firmar com outras partes que nos farão, eu e minha organização, lutar com afinco e criatividade? Como posso usar os mercados para fortalecer e reforçar as metas e padrões que estabeleci para minha organização? Quais as formas de responsabilização que posso desenvolver, em colaboração com outros atores do mercado, para criar as pressões e expectativas corretas para mim e minha organização? Por trás dessas questões, está a percepção básica de que as organizações, como as pessoas, podem se fortalecer e prosperar por causa das condições, pressões e incentivos existentes.

Com muita frequência, os líderes buscam algo que amorteça as pressões externas. O caminho corajoso está na criação de um formulário de responsabilização personalizado que elenque as pressões e expectativas corretas que recaem sobre uma organização, assumindo o compromisso de que a organização lutará com vigor e criatividade para alcançar determinados resultados específicos para determinados grupos específicos. Para tanto, é preciso perguntar: Perante que grupos seremos altamente responsáveis? Quais serão os compromissos específicos que assumiremos perante eles? Qual será o grau de transparência e sinceridade que adotaremos, visando permitir que os mercados avaliem e reajam ao que fazemos ou não? Que pressões, fiscalização e riscos queremos criar ou acolher a fim de construir uma organização forte, resiliente e responsável?

Para os líderes responsáveis hoje, a responsabilização não é uma obrigação de um manual de procedimentos, um documento jurídico ou uma instrução normativa. Além disso, como os mercados são falíveis e manipuláveis, os líderes não podem apenas equiparar o desempenho do mercado com o cumprimento de suas responsabilidades. A responsabilização é, em grande parte, um conjunto de normas que os líderes criam para si mesmos, se ocupam de definir, compor e redefinir. Como resultado, para os líderes responsáveis, a pergunta fundamental é: Que compromissos mútuos e sólidos queremos criar, além dos sistemas de responsabilização aos quais somos obrigados a atender, que gerarão as mais valiosas e interessantes oportunidades para minha organização?

Mas, uma vez analisadas essas questões, outro conjunto de desafios paira no ar: o de tomar decisões críticas que reflitam com clareza como um líder e uma organização definiram seus parâmetros de responsabilização. Passemos para o próximo desafio.

CAPÍTULO 4

COMO TOMO DECISÕES CRÍTICAS?

A terceira pergunta permanente feita pelos líderes responsáveis é: Como tomo decisões críticas? Trata-se de uma pergunta universal da liderança, e os profissionais que tenham tido responsabilidade de verdade podem se recordar de situações – em geral, detalhada e dolorosamente – em que tiveram de tomar decisões que moldariam suas organizações ou até mesmo selariam seus destinos.

Decisões críticas sempre envolveram luta, compromisso e coragem. Para os líderes empresariais, os erros podem significar dificuldades para centenas ou milhares de pessoas, e o fim de sonhos há muito acalentados. Acertar na tomada de decisões relevantes pode significar empregos, oportunidades, confiança e esperança para muitas pessoas e um senso de orgulho e de realização para os líderes. Eles precisam contar com força interior para enfrentar essas decisões, enxergar os fatos e as incertezas como são, se comprometer de alguma maneira e, em seguida, seguir com obstinação, durante meses ou anos, para implementá-las.

Durante o século XX, as grandes empresas industriais desenvolveram uma forma distinta para os líderes tomarem decisões críticas e aumentarem suas chances de sucesso. Essa abordagem refletia as práticas de líderes bem-sucedidos dessa época e os peculiares desafios que enfrentavam.

A análise metódica e o poder das empresas eram fundamentais: a análise os ajudava a tomar as decisões certas, o poder reduzia os riscos.

A ascensão e queda de muitas das grandes organizações do século XX também conta a história da ascensão e queda dessa forma de tomar decisões importantes. Essa clássica abordagem refletia um tipo específico da tomada de decisão – um investimento estratégico importante em uma grande planta de manufatura –, mas se tornou um modelo para fazer muitos tipos de escolhas críticas e foi extremamente valioso, mas, agora, com a ascensão da nova mão invisível, sua importância vem diminuindo.

Uma nova abordagem pode estar surgindo e vir a ajudar os gerentes responsáveis a tomar decisões críticas de forma correta, mas ela não oferece garantias e envolve perigos reais. Para entender o porquê, é importante compreender a abordagem clássica para tomada de decisões críticas e como ela ajudou os gerentes a tomar decisões acertadas e, consequentemente, a criar riqueza sem precedentes para suas organizações e sociedades.

O modelo do século XX

A General Motors foi fundada por um empreendedor, William Crapo "Billy" Durant. Com visão, charme e espírito intrépido, Durant agregou dezenas de montadoras e fornecedores e criou a General Motors. Mas ele não conseguia administrar a extensa entidade que criara e perdeu o controle dela em 1920. Seu sucessor, Alfred Sloan, era um brilhante arquiteto e sistematizador organizacional. Ele desenvolveu processos de decisão que ajudaram a tornar a empresa uma das maiores e mais rentáveis da história. Em meados do século XX, ela já era um modelo de excelência gerencial.

Para Sloan e a maioria dos outros líderes empresariais do século XX, uma recorrente decisão crítica foi determinar quando e como construir uma nova fábrica. Os exemplos americanos mais famosos são a decisão de Henry Ford de construir a grande fábrica River Rouge, a série de investimentos feita por Andrew Carnegie em siderúrgicas cada vez maiores e mais dominantes e o investimento histórico da IBM no desenvolvimento e fabricação da série de computadores 360.

Quando os líderes tomaram uma decisão acertada sobre a "grande fábrica", criaram um extraordinário círculo virtuoso. Quanto mais uma fábrica gerava resultado, menor era o custo para produzir cada unidade adicional, pois os custos fixos eram distribuídos entre mais unidades, e uma produção maior significava mais experiência e mais aprendizado sobre maneiras melhores e menos dispendiosas de fabricar produtos. Os lucros de uma fábrica grande e moderna, funcionando a plena capacidade, poderiam, então, ser investidos em tecnologia mais recente e capacidade adicional, o que significa que uma empresa poderia se aprimorar continuamente. Por outro lado, quando os líderes não tomavam uma decisão correta sobre a "grande fábrica", destruíam as empresas ou tinham de arrastar uma caríssima bola de ferro por muitos anos.

Como as decisões sobre "a grande fábrica" eram, muitas vezes, escolhas que poderiam arruinar a empresa e sua própria carreira, os executivos desenvolveram duas formas de reduzir riscos e incertezas. A primeira foi a análise metódica, que, em geral, envolvia diversas etapas básicas. O processo começava por enunciar as opções básicas para lidar com uma importante questão. Em seguida, os membros da equipe e os gerentes de nível médio, às vezes auxiliados por consultores externos, preparavam detalhadas análises de cada opção, que então eram discutidas pelos diretores. Em seguida, o CEO ou as equipes de liderança sênior tomavam uma decisão final. O passo final era a implementação. A responsabilidade por projetos era atribuída a partes diferentes de uma organização, e tarefas específicas eram atribuídas às pessoas. A decisão, na frase cunhada por Peter Drucker, tinha "se degenerado no trabalho".[1]

É claro que, na realidade, a tomada de decisão era mais confusa, mas o ideal de uma abordagem racional, metódica e estratégica para os desafios mais complexos enfrentados por uma organização era extraordinariamente poderoso e parecia ter uma aplicabilidade universal; organizações militares, governamentais, religiosas e sem fins lucrativos bem administradas geralmente seguiam alguma versão dele. Na pior das hipóteses, essa forma de tomada de decisões críticas era lenta, burocrática, egocêntrica e política. Na melhor, era abrangente, com base em evidências e orientada a estratégias.

Porém, mesmo na melhor das hipóteses, o processo de decisão trazia significativos riscos aos líderes empresariais porque nem mesmo a melhor análise poderia prever o futuro. Por isso, os líderes adotavam uma segunda medida, quando podiam, para reduzir os riscos: procuravam criar ambientes estáveis, previsíveis, até mesmo controlados, em torno das empresas. Em outras palavras, eles seguiam o ditado: "A melhor maneira de prever o futuro é controlá-lo."

A GM era um exemplo de empresa que adotava essa abordagem, mas muitas outras usavam táticas semelhantes. Elas procuravam ter o controle sobre os fornecedores por meio de integração para trás e de diversas fontes de suprimento, para garantir um fluxo seguro e constante de matérias-primas de baixo custo. Inicialmente, as empresas lutaram contra os sindicatos, em seguida, tentaram cooptá-los e, em outras situações, os dispensavam e escolhiam a terceirização, para estabilizar a oferta de mão de obra e minimizar custo. Elas buscavam ter poder sobre os clientes pela manutenção do preço de varejo, branding, controle dos canais de distribuição e, às vezes, conluio aberto com os concorrentes. As organizações retinham os lucros e limitavam o endividamento para reduzir a dependência dos banqueiros e dos mercados financeiros. Além disso, também usavam lobby e gerenciamento de stakeholders para limitar a concorrência.

Cada uma dessas táticas ajudava a reduzir o risco e a incerteza associados a grandes investimentos, criando ambientes mais estáveis, previsíveis e até mesmo maleáveis ao redor das empresas. A ideia subjacente a essa abordagem foi articulada com brilhantismo pelo Professor Michael Porter, *Estratégia competitiva* (Elsevier, 2005), um dos mais importantes trabalhos sobre estratégia do século XX. A ideia central do livro era que uma estratégia bem-sucedida bloqueava ou neutralizava as forças competitivas em torno de uma empresa. Caso contrário, outras partes – fornecedores, clientes, concorrentes e novos entrantes, por exemplo – iriam corroer os lucros.

O poder empresarial às vezes é equiparado ao mal, mas os líderes empresariais que dependiam de metódico planejamento, operações de fabricação em larga escala e ambientes gerenciados em geral agiam com responsabilidade e faziam valiosas contribuições sociais, porque essa abordagem para decisões críticas traduzia em realidade a brilhante fusão de conhecimento, poder e responsabilização. Os *insiders* que dominavam o processo de decisão compreendiam realmente a organização, sua tecnologia e seus mercados, os funcionários e os sistemas de produção; também entendiam a política da organização e sabiam como fazer as coisas. Esses altos executivos podiam tomar providências decisivamente com base em seu conhecimento porque ocupavam o topo de hierarquias robustas.

Do ponto de vista da sociedade, os líderes e equipes seniores poderiam ser responsabilizados pela forma como usavam informações e poder por meio do sistema de governança vertical de conselhos de administração, leis e regulamentos e mandatos democráticos. As gigantescas máquinas de manufatura contribuíram imensamente para o bem-estar físico de bilhões de pessoas. Quando funcionavam a pleno vapor e com constância, as enormes máquinas organizacionais produziam volumes sem precedentes de carros, geladeiras, petróleo, gasolina, medicamentos e computadores. Essas empresas – ou, pelo menos, as que sobreviveram – tiveram êxito na constante elevação da qualidade de seus produtos e na contínua redução de preços.

Infelizmente, no entanto, o sucesso desse sistema de decisão – a coevolução da análise interna sofisticada e do poder externo do mercado e do poder político – gerou vulnerabilidade e até mesmo fracasso. Talvez, a prova mais convincente do poder dos mercados hoje seja o desaparecimento de tantas fortalezas corporativas um dia inexpugnáveis. Parte do problema é que os lucros e o poder permitiram que essas empresas criassem sistemas de planejamento e de gerenciamento cada vez mais elaborados, que as tornaram introspectivas e lentas, e as relações com os stakeholders, um dia importantes, se fossilizaram e as aprisionaram em posições competitivas indefensáveis. Posteriormente, novas ondas de competição exploraram essas vulnerabilidades. Algumas vieram de empresas empreendedoras que se tornaram grandes e poderosas, como as montadoras japonesas, que superaram os concorrentes americanos. Outro tipo de concorrência veio de novas constelações de empresas menores, como as alianças fluidas que transformaram o segmento de computadores e quase levaram a IBM à falência.

Mas essa é apenas a parte mais conhecida da história. As forças que minaram os grandes bastiões corporativos são as forças básicas de uma economia recombinante. Elas estão enfraquecendo a brilhante fusão de conhecimento, poder e responsabilidade e tornando a abordagem clássica para a tomada de decisões críticas muito menos eficaz.

O desafio hoje

A brilhante fusão deu certo porque as empresas dominantes do século XX podiam desenvolver e controlar a maior parte do conhecimento de que precisavam para se tornarem fortes e competitivas, o que deu poder aos líderes e às hierarquias. Os conselhos de administração e o governo poderiam responsabilizá-los pela forma como usavam conhecimento e poder. Mas tudo mudou, e a razão é o clichê "a explosão do conhecimento". Agora, até mesmo um enorme departamento de P&D, composto por proeminentes engenheiros e técnicos e inclusive cientistas agraciados com o Prêmio Nobel, não pode desenvolver todo o conhecimento de que uma empresa precisa. Por exemplo, depois que as pesquisas da IBM desenvolveram o sistema "Watson" de inteligência artificial – famoso por vencer, em uma disputa transmitida pela televisão, dois consagrados campeões do programa *Jeopardy* –, o próximo passo foi encontrar aplicações comerciais para o produto. Para desenvolver serviços de informação para médicos, a IBM criou uma aliança com a Columbia Medical School e a Nuance Corporation, empresa líder em serviços de reconhecimento de voz.

O conhecimento de que as empresas precisam para ter sucesso hoje muitas vezes está em outras empresas e organizações, que geralmente atuam em mercados competitivos e estão envolvidas em seus próprios esforços para obter êxito por meio de recombinações criativas. Tanto a Columbia Medical School quanto a Nuance, por exemplo, têm uma infinidade de alianças com outras organizações. Em outras palavras, o conhecimento crítico para uma organização pode residir em qualquer lugar: no país de origem ou pelo mundo; nos concorrentes, fornecedores ou clientes; ou em universidades, laboratórios do governo, *joint-ventures* e outras alianças e consórcios.

O conhecimento nessas organizações não fica inerte, como livros de biblioteca em uma imensa prateleira global. A maioria dessas organizações são players atuantes em mercados que continuamente produzem e criam uma infinidade de opções para a venda ou troca de conhecimento, o que confere poder para as organizações mais eficazes no desenvolvimento do conhecimento. Como resultado, o poder dos líderes e empresas que precisam desse conhecimento enfraquece consideravelmente. Um mundo de mercados é um mundo de opções, com relações bem distintas entre conhecimento e poder. À medida que o conhecimento se dispersa, o mesmo acontece com o poder.

Esse cenário dá aos *outsiders* poder de influenciar, definir e, às vezes, até controlar decisões tomadas pelos *insiders*. Por isso, alguns líderes hoje trabalham em ambientes externos estáveis, semigerenciados. Suas organizações são cercadas por vários concorrentes e outras empresas que buscam os próprios interesses em vários mercados. As interações entre essas partes são difíceis de prever, muito mais de controlar. Como o mundo competitivo é agora um grande jogo interativo com vários participantes, as formas conhecidas de tomar decisões críticas e de reduzir o risco e a incerteza são muito menos úteis. Mesmo novas ferramentas de alta sofisticação, como os modelos de risco utilizados pelos grandes bancos no auge da crise financeira global, têm sido sobrepujadas pela complexidade, incerteza e interações inesperadas.

Como resultado, o modelo do século XX para a tomada de decisões críticas – reduzir o risco de compromissos da "grande fábrica" por meio da análise metódica e do poder corporativo – está se tornando menos eficaz. As economias modernas são economias do conhecimento, de modo que muitas empresas nunca constroem plantas de manufatura, e as que necessitam de manufatura agora podem "alugar" a grande fábrica em vez de projetá-la, construí-la e administrá-la. A terceirização faz mais que reduzir os custos: também cria o "valor de opção" em um mundo incerto. Dependendo do que o futuro trouxer, as empresas podem escolher outros fornecedores e encontrar melhores preços, produtos ou logística. Algumas ainda optam pela fabricação própria, por questões estratégicas, mas o investimento clássico e volumoso em ativos fixos, emprego no longo prazo e relações estáveis com os stakeholders estão dando lugar a redes de arranjos temporários em constante mudança. Como consequência, o paradigma para decisões importantes está sofrendo significativas mudanças.

À medida que o conhecimento e o poder se dispersam e que o risco e a incerteza se intensificam, os líderes precisam de novas formas de corresponder à sua responsabilidade central de tomar decisões críticas da forma correta. Eles precisam ir além de pensar nas decisões importantes como escolhas definitivas, de longo prazo, entre opções bem definidas de alto risco. Esse tipo de decisão não desapareceu, de forma alguma, mas é cada vez mais um modelo ultrapassado para compreender as decisões relevantes dos líderes. A tática conhecida do planejamento metódico, implementado em um ambiente benigno, semigerenciado do poder empresarial, não é mais um guia seguro para a tomada de decisões prudentes.

Em resposta, está surgindo uma abordagem diferente para a tomada de decisões críticas, que traz riscos e oportunidades distintas para os líderes responsáveis e reflete o mundo dos empreendedores. Eles vivem em mercados intensamente competitivos, muitas vezes turbulentos – longe das zonas de segurança e esferas de influência que cercam as grandes organizações hierárquicas do século XX. Os empreendedores têm de tomar essas decisões com pouca informação e uma equipe reduzida – se houver uma –, para fazer uma análise detalhada, sem orçamento para contratar consultores, tempo escasso para as decisões e pouca margem para erro.

Compromissos em evolução

Em um mundo recombinante, os líderes responsáveis dificilmente abandonam a abordagem clássica para a tomada de decisões críticas. A análise ainda é importante – mesmo que só produza estimativas aproximadas, parâmetros amplos e intervalos de possibilidades – porque a alternativa de atuar a partir do instinto é imprudente quando os riscos e incertezas são representativos. Os chefes não desapareceram e não irão desaparecer, porque alguém ainda precisa tomar as decisões finais. O provérbio de Napoleão de que "um general ruim é melhor que dois generais bons" continua a transmitir importantes lições sobre a natureza humana e a liderança eficaz.[2]

Há, no entanto, uma razão de peso para adotar uma abordagem alternativa em ambientes turbulento, incertos e voltados para o mercado: em essência, há muitos elementos imprevisíveis para os líderes, e algumas surpresas podem ser mortais. Durante os primeiros anos no mercado, quando John D. Rockefeller era apenas mais um desconhecido empreendedor no ramo do petróleo, todas as noites, ele fazia um sermão para si, com o lembrete: "Suponha que os campos de petróleo se esgotaram."[3] Mais de um século depois, outros empreendedores adotaram visões de mundo semelhantes. Andy Grove, um dos fundadores da Intel, ficou famoso por dizer: "Só os paranoicos sobrevivem."[4] Dizem que Herb Kelleher, fundador da Southwest Airlines, previu 11 das últimas 3 recessões, porque ele estava atento aos riscos para a sua empresa.[5] Na verdade, estudos empíricos sugerem que os empreendedores pessimistas superam os otimistas.[6]

Em um mundo turbulento, às vezes perigoso, os líderes responsáveis precisam adotar uma visão mais ampla sobre as decisões críticas, o que significa vê-las como compromissos, mas de uma forma não convencional. Em geral, consideramos os compromissos promessas profundas e duradouras as quais as pessoas e as organizações farão absolutamente de tudo para cumprir. Por outro lado, o tipo de compromissos que têm importância crítica hoje é paradoxal: são aqueles em contínua evolução.

Um compromisso em evolução é uma promessa, de um líder e de uma organização, para seguir um rumo específico, mas de uma forma flexível, ampla e livre. As decisões definitivas, de alto risco e com significativas consequências — as versões contemporâneas das decisões da "grande fábrica" — são muitas vezes inevitáveis. Por outro lado, os compromissos em evolução se mostram muito mais adequados em um mundo em que os líderes estão imersos em um fluxo de possibilidades, surpresas, oportunidades e ofertas nos intensos e fluidos mercados que cercam e permeiam as organizações. Os compromissos necessitam de dados, análise e julgamento experiente, mas, muitas vezes, esses elementos estão longe de serem decisivos.

Em mais e mais casos, quando os líderes tomam decisões críticas, não estão escolhendo entre opções detalhadas, específicas, respaldadas por uma análise em profundidade, tampouco estão esperando implementar sua escolha em um ambiente familiar, previsível ou gerenciado. Apenas fazem uma opção inicial, para si e para as organizações, entre rumos amplos, flexíveis e abertos. Essa direção inicial evoluirá, por vezes, de maneira insólita, em resposta ao que for aprendido com os primeiros passos, com fatos difíceis de prever nos mercados produtivos e recombinantes e com as reações nos mercados de financiamento, talento, parceiros e significado.

Os compromissos em evolução sempre foram fundamentais para o sucesso empreendedor. Os líderes das novas organizações nunca conseguiram enxergar muito além no futuro. Estão inseridos em mercados intensamente competitivos, muitas vezes turbulentos — longe das zonas de segurança e esferas de influência que cercam as grandes organizações hierárquicas do século XX. Eles normalmente não sabiam se seu produto iria funcionar, qual seria o real custo de fabricá-lo e vendê-lo em larga escala, se uma grande empresa já consolidada iria copiá-lo ou usar influência junto ao governo para criar obstáculos, se outros empreendedores estavam prestes a lançar algo semelhante ou melhor e se chegariam a ter capital suficiente para operar dali a alguns meses.

Em condições como essas, tudo que um líder responsável pode fazer é se armar com todas as análises possíveis, se comprometer em ir em determinada direção, planejar com cuidado os próximos passos, aprender com a execução e a experiência, aproveitar as oportunidades ao longo do caminho e estar preparado para recalibrar os esforços da organização para se harmonizar com as realidades emergentes. A tomada de decisão precisa ser tão fluida quanto os mercados no entorno de uma empresa.

Em vez de tomar grandes decisões periódicas, os líderes responsáveis tomam ou coordenam uma série interminável de decisões menores, todas direcionadas a um objetivo maior, mais amplo e flexível. Gary Mueller, fundador do ISI Emerging Markets, que fornece informações difíceis de se obter sobre empresas em mercados emergentes, disse: "Você tem de tomar decisões, porque a indecisão é uma decisão. Digamos que você declare que estamos indo nesta direção, mas fica sempre se perguntando se está fazendo a coisa certa, e ajustando o que está fazendo."[7]

Em um mundo de perigos e incertezas extremas, os líderes que se comprometem com outras partes essencialmente dizem: "Este é o rumo que pretendemos seguir, e essas são as atividades específicas que pretendemos fazer e realizar no futuro próximo, mas grande parte disso irá mudar, talvez de forma impactante."

Os compromissos são promessas sérias, têm genuíno peso legal e ético, e os líderes responsáveis e suas organizações se dedicam a cumpri-los. Contudo, em um mundo recombinante, são inevitavelmente flexíveis e imperfeitos. Quanto mais ousada for a iniciativa, ou quanto mais turbulento for o ambiente, mais apropriados e inevitáveis esses tipos de compromissos serão.

A partir de uma perspectiva mais ampla, uma organização hoje não se resume ao que Michael Jensen e William Meckling chamaram – em uma perspicaz e amplamente citada frase – de um "nexo de contratos".[8] É também um nexo de compromissos, e as partes mais esclarecidas compreendem isso desde o início. É comum existir um excesso de incerteza e turbulência nas economias orientadas para o mercado, o que tolhe as empresas que pretendem depender de contratos e contingências para especificar quem fará o quê e quando. Sem uma adaptação flexível e contínua, os empreendedores e os agentes do mercado que os apoiam teriam apenas uma chance de sucesso, normalmente um tiro no escuro, dadas as muitas incertezas enfrentadas pelos novos empreendimentos.[9]

Os compromissos em evolução são, em essência, a versão gerencial de uma antiga visão da estratégia militar. Há quase dois séculos, Carl von Clausewitz, brilhante general e estrategista prussiano, escreveu: "A guerra é uma área de incertezas. Três quartos de tudo em que toda a ação na guerra se baseia repousam sob uma névoa de incerteza, em maior ou menor grau."[10] Ele acreditava que o principal valor do planejamento militar cuidadoso estava em preparar uma força para o primeiro combate com o inimigo, e pouco mais além disso. Não é por acaso que alguns empreendedores hoje repetem a observação de Clausewitz e afirmam que o propósito de um plano de negócios é preparar uma nova organização para o primeiro combate com o cliente. Em outras palavras, os empreendedores podem potencializar as chances de sucesso por meio da coleta de dados, do estudo dos clientes e do segmento, da avaliação das prováveis ações do concorrente e da tentativa de entender onde e como eles podem concentrar os recursos limitados com mais eficácia. Ao mesmo tempo, no entanto, eles têm de manter o pensamento amplo, pouco estruturado, flexível e passível de revisão.

Os próximos passos certos

Os líderes dependem de compromissos em evolução por três razões práticas. Primeiro, porque podem. As organizações com base no conhecimento são mais flexíveis que as tradicionais de manufatura, com fábricas dedicadas, e as que vendem produtos hoje podem contar com a terceirização e com fábricas flexíveis para "produzi-los". Segundo, porque, muitas vezes, precisam. Uma vasta gama de atores está normalmente envolvida no monitoramento e definição das decisões organizacionais e quer ter a chance de influenciar o que a empresa faz; seus próprios interesses estão em constante evolução, em resposta aos mercados mutáveis e, por vezes, turbulentos à sua volta.

A terceira e mais importante razão para que os líderes dependam de compromissos em evolução é porque devem. As decisões responsáveis não devem passar à frente do visível, e, em um mundo recombinante, é difícil ver muito distante no futuro. Além disso, há muito a ser aprendido com a execução, experimentação e experiência real. Por fim, agir passo a passo proporciona objetivos claros e imediatos, e até métricas, às pessoas dentro de uma organização e às partes nos vários mercados.

Isso permite que todas essas partes concentrem seus esforços, foquem o alcance de objetivos específicos e não fiquem paralisadas por infinitas possibilidades. Quanto maior for a incerteza, mais importante será para os líderes fornecer um caminho claro, mesmo que ele seja ajustado e reajustado, para permitir que os outros se comprometam, planejem e trabalhem com um fortalecido senso de confiança.

E qual seria um "próximo passo certo"? É uma tarefa, um projeto ou uma atribuição definida com clareza, factível e que tenha significativa probabilidade de contribuir para um objetivo maior e de longo prazo – como ele costuma ser definido. O próximo passo certo, em muitos casos, também extrai duas lições das finanças modernas. Primeiro, cria opções para as etapas subsequentes. Segundo, identifica os riscos corretamente. Em outras palavras, atividades de alto risco e de baixa recompensa – por mais corajosas e estimulantes que possam parecer – raramente são o próximo passo certo.

Além disso, em um mundo com base no conhecimento, o próximo passo certo muitas vezes serve como um, isto é, cria conhecimento que pode ser usado para planejar os passos subsequentes ou mesmo testar e ajustar o objetivo mais amplo. As grandes empresas industriais do século XX desenvolveram estratégias de longo prazo e tentaram executá-las com a maior eficiência possível. Agora, em uma economia com base no conhecimento, a "execução como aprendizado" vem ganhando muito mais importância.[11]

Um exemplo claro dessa abordagem são os investimentos em etapas que as empresas de capital de risco fazem em novos negócios. Cada rodada de investimento só é concretizada se um empreendedor e uma organização tiverem cumprido um conjunto de objetivos e métricas de curto prazo. Caso contrário, precisam de explicações convincentes sobre o que aconteceu, o que fariam diferente da próxima vez e por que outra abordagem tenderia a funcionar melhor. O desafio crítico em muitos empreendimentos de sucesso está em alcançar repetidamente uma série de metas de curto prazo, sob a pressão de recursos limitados, a supervisão minuciosa dos players do mercado e uma perspectiva concreta de que o fracasso irá reduzir o financiamento, conduzir a uma nova liderança ou ambos.

A abordagem do "próximo passo certo" reflete a observação feita pela professora Lynda Applegate, que estudou e trabalhou com empreendedores por três décadas: "Tudo que sei é que muitos pressupostos iniciais estão errados e que as perguntas que devem ser respondidas são: 'Qual é a importância do pressuposto para o sucesso do negócio?', 'Como posso fazer experimentos para aprender mais?' e 'Existem outras opções que eu poderia buscar?'"[12]

Em suma, o corajoso e estratégico responsável pela decisão está dando lugar ao orquestrador, pragmático, responsável e intensamente comprometido negociador. Esses profissionais têm habilidade para enxergar padrões nos mercados fluidos ao redor e para trabalhar com uma variedade de agentes para adaptar, mudar e recombinar, dentro do contexto de uma ampla direção estratégica. Em termos mais abrangentes, a responsabilidade está se tornando uma trajetória de difícil previsão. Os compromissos evoluem, como uma perpétua campanha ou um instável jogo de dados, à medida que os líderes fecham uma série de negociações com vários agentes em inúmeros mercados e cumprem ou falham em cumprir o negociado. Em qualquer caso, eles assumirão novos compromissos e negociações, dando continuidade ao ciclo de obrigações e adaptações.

Fé, humildade e contenção

Quando os líderes dependem de compromissos em evolução para tomar decisões críticas, eles têm de lutar contra um problema difícil, que desafia a inteligência, as emoções e o pragmatismo. É um problema surpreendente, porque envolve duas características – fé e humildade –, normalmente mais associadas à religião que aos negócios e à administração.

A liderança responsável em um mundo empreendedor turbulento envolve um profundo compromisso com um futuro imaginado. Shikhar Ghosh, que já fundou e foi CEO e presidente de oito empreendimentos na área de tecnologia, descreveu o compromisso desta forma:

> *Você precisa de um núcleo de fé. A fé é importante para as organizações e para os empreendedores. Eles têm de acreditar, porque, assim, filtram e descartam as informações contrárias. Eles têm de ser a força motriz e, por isso, veem as situações e as apresentam sob a melhor ótica possível. Em uma nova empresa, a proposição básica é questionada em todos os momentos, e você também está sempre pedindo que todos façam vários sacrifícios. Você tem de convencer a si mesmo e sentir que está sendo honesto em relação à sua crença, pois, se se sentir um mentiroso, não conseguirá convencer os outros.*[13]

A fé é uma profunda confiança de que uma oportunidade é real, de que um líder e sua equipe têm as habilidades necessárias para aproveitá-la e de que o sucesso do esforço tem profunda importância. A fé é a base da amplitude de compromissos que os líderes assumem e os ajuda a avançar diante das inevitáveis adversidades, decepções e frustrações, de uma grande chance de fracasso e permite que os outros façam o mesmo. A atividade empreendedora em empresas de todos os tamanhos sempre envolve uma dose extra de fé, um profundo compromisso pessoal com um futuro imaginado. Robert Higgins, cofundador e sócio principal da Highland Capital Partners, observou: "As pessoas estão decidindo se devem ou não apostar em uma crença."[14]

A fé e o comprometimento profundo são fundamentais desde as primeiras fases de um compromisso em evolução, porque os compromissos evoluem e podem falhar em vários pontos ao longo do caminho. Os líderes precisam ter a coragem de enfrentar a incerteza, o que às vezes se parece com uma incomensurável complexidade e – a despeito da dose de esperança – uma razoável perspectiva de fracasso. É preciso verdadeira coragem para comprometer uma organização com determinado rumo – e uma plena e imaginada compreensão do que o sucesso e o fracasso poderiam significar, para o líder e para os que dependem da organização para a subsistência, assim como a inevitabilidade das surpresas e frustrações.

A incerteza e a fluidez criam oportunidades, mas também trazem a real e sempre presente perspectiva do fracasso, sobretudo quando um líder e uma organização estão comprometidos com um caminho que se distancia significativamente do pensamento convencional. O medo do fracasso é facilmente intensificado pelo estresse físico e mental do trabalho. Quando muitos dos ativos críticos de uma organização são móveis, os líderes precisam estar vigilantes e ser atuantes para evitar perdê-los. Quando a concorrência é dura e os retornos são baixos, as organizações ficam mais frágeis e vulneráveis, assim como as tarefas dos líderes. Quando o processo de decisão é contínuo e envolve agentes e parceiros externos, surgem novas complexidades. Tudo isso pode fazer da liderança e da tomada de decisão uma árdua tarefa; por isso, o compromisso, a determinação e coragem diários são fundamentais para a liderança responsável hoje.

O risco dos compromissos profundos, com base na fé, é o fato de manterem um líder concentrado em um objetivo específico e em uma forma de alcançá-lo, independentemente do que esteja acontecendo à sua volta. Relógios quebrados mostram a hora certa duas vezes por dia, mas estão errados o resto do tempo. Então, o que evita que um compromisso intenso acabe sendo uma fantasia pessoal, envolvente e, em última análise, fútil?

Shikhar Ghosh empregou uma surpreendente metáfora para explicar como conciliar uma visão de fé e, ao mesmo tempo, realista. "Os empreendedores são como guerrilheiros", disse ele. "Eles sabem que as chances de derrotar o inimigo é baixa, e que o número de vítimas será alto, que a selva é impiedosa, mas têm uma instintiva crença de que podem vencer e, o mais importante, como guerrilheiros, estão constantemente se adaptando ao que vivenciam e aprendem."[15]

A liderança responsável em um mundo orientado para o mercado exige o compromisso com visão e valores essenciais – bem como uma complexa forma de autogerenciamento, segundo a qual a humildade e a contenção desempenham papel fundamental. Os líderes têm de entender ao mesmo tempo o que está acontecendo de real ao redor e responder a essa realidade, mantendo-se profundamente comprometidos com as possibilidades possivelmente efêmeras de longo prazo. Essa talvez seja a luta subjacente, fundamental e universal dos líderes responsáveis atualmente. A fé pode cegá-los para a realidade, mas a realidade pode suprimir a fé. Os líderes responsáveis precisam e, portanto, devem viver e trabalhar com essa permanente tensão entre ambos.

No meio da crise financeira global, o CEO de um grande banco estava ouvindo um jovem presidente de banco apresentar uma análise de um complexo portfólio de valores mobiliários. Em determinado momento, o CEO interrompeu a apresentação e perguntou se eles estavam falando sobre a diferença de 15% ou de 15 pontos-base. Ao fazer a pergunta, o CEO revelou a todos na sala que não entendia praticamente nada sobre, pelo menos, um dos aspectos da apresentação.

O que impressiona nessa história é que o CEO tinha um extraordinário histórico de realizações e liderara o banco com sucesso durante a crise. Também era visto por todos como um executivo de extrema inteligência, que se envolvia pessoalmente no trabalho. No entanto, estava disposto a mostrar a todos na sala que, mesmo sendo um "mestre do universo", como Tom Wolfe descreveu os presidentes de bancos de investimento em *A fogueira das vaidades* (Rocco, 1988), havia questões que o CEO não entendia e não tinha vergonha de perguntar. Com isso, ele deu um valioso exemplo da coragem, ao demonstrar humildade e contenção.

Essas duas características são de especial importância para a tomada de decisões críticas com responsabilidade, principalmente quando se trata de compromissos em evolução, e os profissionais que os assumem precisam ainda lidar com a responsabilização e as intensas pressões de mercado. A humildade é uma atitude que reflete que os líderes, às vezes, sabem pouco sobre o mundo incerto e complexo à sua volta. A contenção, por sua vez, aciona a humildade e a coloca em prática. Contenção significa agir com paciência, cuidado e análise, em vez de com ousadia e confiança.

Esse talvez seja um ponto de vista surpreendente sobre a tomada de decisões críticas. Uma visão comum, porém enganosa, sobre os empreendedores os considera corajosos, porque acolhem com disposição decisões críticas, de alto risco e significativas consequências, para então seguir em frente, com coragem e destemor. Em outras palavras, os empreendedores não se abalam com os riscos de decisões críticas e se mostram até mesmo ansiosos para assumi-las. Essa romântica visão, contudo, tem dois problemas sérios.

Primeiro, falha no clássico teste de coragem de Aristóteles. Ele não se limitou a perguntar se um líder avançava corajosamente. A pergunta era se ele conciliava ousadia e prudência, porque ignorar ou atrair risco e perigo é mera imprudência. Para Aristóteles, a coragem era um meio-termo, um equilíbrio difícil de alcançar, entre os perigosos extremos da irresponsável bravata e da enervante cautela. Em outras palavras, o compromisso sério é revelado na calibração e, em longo prazo, requer frequentes ajustes para manter uma abordagem equilibrada e evitar os perigosos extremos. Aristóteles não era o único a pensar dessa forma. Na tradição oriental, o *Tao De Ching*, antigo texto chinês que serviu de base tanto para o Budismo quanto para o Taoísmo, diz: "Quem é duro e inflexível é discípulo da morte. Quem é suave e flexível é discípulo da vida."[16]

Essa perspectiva clássica é confirmada por observações contemporâneas de empreendedores bem-sucedidos. O antigo ponto de vista de "avançar com tudo" distorce o pensamento desses profissionais sobre o risco. Os empreendedores talvez tenham maior tolerância ao risco que os executivos das grandes empresas, mas a realidade é que aqueles que obtêm sucesso, em organizações grandes e pequenas, avaliam os riscos com cuidado, os assumem somente se o retorno parecer adequado e procuram formas de reduzi-los ou compartilhá-los, sem alterar significativamente o retorno.

Por que a modéstia e a contenção têm valor especial em um mundo empreendedor? A razão básica é que elas ajudam os líderes a enfrentar um desconfortável, mas fundamental, desafio para o sucesso: sua significativa, inevitável e sempre crescente ignorância. Quanto mais rápido o mundo muda e quanto mais complexo se torna, menos as pessoas – incluindo os líderes mais brilhantes – entendem realmente o que está acontecendo ao seu redor e o que o futuro trará.

A humildade e a contenção ajudam a solucionar o desafio da ignorância de várias maneiras. Primeiro, estimulam os líderes a abrir os olhos e aprender tudo que puderem. Os gênios ousados e autoproclamados, com interessantes visões do futuro, são muito menos propensos a ouvir com sensibilidade e observar com atenção. Em contrapartida, os líderes que entendem que têm poucas respostas – e, às vezes, não sabem se a resposta é 15% ou 15 pontos-base – são mais propensos a realmente compreender que os outros, dentro e fora das organizações, podem estar de posse de peças críticas para resolver o enigma. Um compromisso em evolução é, ao mesmo tempo, um processo de decisão e de aprendizado para os líderes e organizações, e a modéstia e contenção aceleram seu aprendizado.

Elas também encorajam os líderes a "adquirir um seguro" contra a ignorância, falibilidade e riscos. O seguro não é gratuito, mas protege as outras pessoas, até certo ponto, contra danos e sofrimento em caso de desagradáveis surpresas. Ele pode assumir várias formas e envolve o desmembramento de grandes decisões em pequenas fases, cada uma utilizada como experimento e oportunidade de aprendizado. Significa dar um passo paciente de cada vez, em vez de ir aos trancos e barrancos e divulgar os resultados para os outros a fim de obter feedback. Significa se esforçar para evitar assumir compromissos muito além do que um líder pode enxergar e permanecer atento a surpresas, problemas e oportunidades para acelerar os projetos e esforços.

"Adquirir um seguro" significa até mesmo contar com uma forma amplamente criticada de tomada de decisões – a de adotar uma perspectiva de curto prazo e orientada para as finanças, ambas importantes para selar compromissos ajustados e em evolução. O foco no curto prazo pergunta quem precisa fazer o quê, dando passos claros, factíveis e iniciais necessários para alcançar um objetivo maior, de longo prazo. Ao mesmo tempo, significa fazer uma pergunta básica de finanças modernas: Que opções esses passos iniciais criarão e excluirão?

É por isso que as empresas startups são aconselhadas a conservar seu capital, pois trata-se de uma apólice de seguro contra surpresas. Algumas empresas de serviços financeiros "adquiriram um seguro" antes da crise financeira, reduzindo a alavancagem e limitando a dependência em títulos lastreados em imóveis. No curto prazo, os ganhos e o preço das ações foram afetados. Mas, no longo prazo, o seguro ajudou-as a sobreviver. As opções, no entanto, não são apenas financeiras. Na verdade, as mais cruciais são aquelas para experimentar, aprender, recalibrar e modificar compromissos e gerar novas opções.

As histórias contadas sobre os grandes empreendedores mostram pessoas trabalhando com paciência e persistência e, muitas vezes, lutando para entender o que não sabem, porém precisam muito saber, para concretizar sua visão. John D. Rockefeller e Andrew Carnegie são muitas vezes lembrados como titãs industriais à frente dos vastos impérios conhecidos, como Standard Oil Company e United States Steel Corporation. No entanto, eles começaram suas carreiras como empreendedores, construindo empresas em uma era pelo menos tão turbulenta, confusa e perigosa quanto a que vivemos hoje.

O que esses dois homens tinham em comum era a mesma abordagem para lidar com os complexos e dinâmicos fundamentos em seus setores – e, talvez, com as ansiedades e medos que sentiam. Eles reuniram os melhores dados concretos que tinham, apesar de muitas vezes serem escassos, e mergulharam nas incertezas críticas para seus negócios, trabalhando sem descanso para entender as áreas, analisá-las e imaginar como poderiam evoluir.

O insight fundamental de Rockefeller – de que o mundo caoticamente empreendedor da indústria petrolífera emergente precisava de uma solução sistêmica – só surgiu depois de um longo período que um biógrafo chamou de "estudo exaustivo" da indústria e de incontáveis horas passadas nos campos de petróleo.[17] Carnegie prestou muita atenção aos detalhes de custos e de produção na indústria do ferro e da incipiente indústria siderúrgica. Costumava-se dizer que ele tinha uma visão quase sobrenatural sobre as tendências da indústria, embora o biógrafo entendesse esse talento como o resultado de uma ampla rede de contatos, cultivados por Carnegie e sua disposição para trabalhar intensamente para aumentar essa rede.[18]

É bastante provável que nem Rockefeller nem Carnegie fossem conhecidos hoje se tivessem sucumbido ao mito muito difundido de que empreendedores de sucesso dependem de compromissos apaixonados e insights brilhantes sobre o futuro, pensamento completamente contrário à experiência dos empreendedores veteranos e daqueles que os financiam. O professor Howard Stevenson, cuja carreira abrange 40 anos de estudo, trabalho e investimentos feitos em empreendedores, observou: "Noventa por cento dos empreendedores loucos e apaixonados que já vi acabam fracassando."[19]

Essa abordagem para a tomada de decisões críticas – contar com compromissos em evolução, humildade e contenção – pode se parecer mais com uma forma de se esquivar da responsabilidade, em vez de assumi-la, e pode ser profundamente perturbadora para as pessoas que acreditam que os líderes devem ser os chefes, tomar as decisões importantes e pressionar para vê-las implementadas. Porém, em um mundo fluido e incerto, a estratégia mais responsável para uma decisão importante é muitas vezes postergá-la ou tentar dividi-la em decisões menores – manter as opções em aberto, reduzir o risco de uma única decisão e aprender o máximo possível com a experiência, com experimentos e com vários agentes dentro e fora de uma organização.

Em outras palavras, o que os líderes responsáveis muitas vezes precisam hoje é de coragem para tomar "decisões ruins", pelo menos segundo a perspectiva do século XX. Essas seriam as de curto prazo, provisórias e passíveis de serem reconsideradas. São as melhores apostas disponíveis para conduzir uma organização na direção certa, em face do que modeladores matemáticos chamam de problemas "computacionalmente intratáveis". É um mundo que muitas vezes se assemelha a uma enorme máquina de fliperama: os eventos em um mercado em torno de uma empresa podem desencadear cadeias complexas de eventos em outros mercados, que, por sua vez, podem desencadear outros.

O único verdadeiro antídoto para esses perigos é a tomada de decisões críticas com humildade e contenção. Esse é o espírito da tradicional oração dos pescadores bretões: "Ó, Deus, o mar é tão grande, e meu barco é tão pequeno."[20] Às vezes, a falibilidade significa que determinada circunstância funciona melhor ou de forma diferente que o esperado. Às vezes, significa deixar de perceber sinais de advertência e perigos, porque tudo parece caminhar bem. Contudo, acertar na tomada de decisões críticas quando assumem a forma de compromissos em evolução é particularmente desafiador.

No final, os líderes tomam as decisões importantes; essa é a responsabilidade deles. Porém, fazem isso em vários momentos, durante um longo processo de compromissos em evolução, definidos e orientados por eles com um rumo estimulante, convincente e, às vezes, ousado e com a coragem de seguir em frente, apesar da permanente vulnerabilidade e da ação com prudência, humildade e contenção.

À espera de novos clichês

As organizações ainda precisam de "chefes", a responsabilidade continuará a ser deles, e, às vezes, os líderes tomarão as decisões importantes. Mas esses familiares clichês agora dão apenas uma visão parcial de como os líderes responsáveis tomam decisões críticas. Os novos clichês, adequados à era da nova mão invisível, ainda não surgiram, mas é bem provável que avaliem os líderes não pelo padrão do ousado, inspirador e visionário responsável pela decisão final, mas como perspicazes, estratégicos e intensamente comprometidos orquestradores, que "tomam" muitas decisões importantes ao orientarem processos fluidos, em evolução, variados e personalizados, que abrangem várias pessoas das empresas e dos intensamente competitivos e recombinantes mercados em torno delas.

A responsabilidade exige agora uma visão mais ampla do processo de decisão quando é preciso decidir algo importante, assim como um repertório mais amplo de habilidades. Os líderes precisam se ver menos como chefes e mais como aranhas no centro de uma teia, percebendo e respondendo aos acontecimentos de formas variadas. Administrar uma rede de trabalhadores do conhecimento é diferente de construir uma grande fábrica e de gerenciá-la com constância.

A tomada de decisão responsável hoje é uma luta que exige bastante, que requer observar, questionar, aprender, esquecer, negociar e fazer ajustes quase continuamente, dentro de um clima de pressão, incerteza, surpresas e falibilidade. Fazer isso bem requer uma resposta sensata para a pergunta permanente sobre como tomar decisões críticas e outra para mais uma pergunta permanente – que trata dos verdadeiros valores de uma organização –, tema do próximo capítulo. Se não houver uma hierarquia de chefes para supervisionar a implementação de uma decisão importante, os valores de uma organização determinarão se ela cumpre compromissos, se terá êxito ou se fracassará.

CAPÍTULO 5

NOSSOS VALORES ESSENCIAIS ESTÃO CORRETOS?

É fácil ser cético sobre valores hoje. Na melhor das hipóteses, eles expressam os ideais e princípios com os quais líderes e organizações realmente se preocupam. Mas, muitas vezes, são apenas frases genéricas que vagam pela empresa, muito acima da confusão dos problemas; ocasionalmente, os valores servem até mesmo para camuflar a corrupção. A Enron, por exemplo, tinha uma sublime missão e uma longa lista de explícitos valores organizacionais. Por isso, talvez os céticos estejam certos.

Por outro lado, os grandes líderes sempre se preocuparam profundamente com valores, pois acreditavam no poder deles para inspirar o esforço e o sacrifício e moldar as esperanças, sonhos e comportamentos, mesmo anos ou décadas depois de um líder ter partido. Os grandes líderes também entendiam que os valores ajudam todos, incluindo eles próprios, a responder profundas perguntas sobre os objetivos maiores do trabalho, da vida e da sociedade. Com o que devemos realmente nos preocupar? Qual o objetivo de nossos esforços no longo prazo? De que maneiras as pessoas podem viver e trabalhar bem umas com as outras? Como os líderes devem usar seu poder?

Hoje, os valores são importantes por outra razão: podem ser a única força capaz de se opor ao poder dos mercados e ao pensamento com base neles, o que confere à quarta pergunta permanente – *Nossos valores essenciais estão corretos?* – importância especial. Os líderes responsáveis precisam refletir sobre os valores e fazê-lo no contexto dos mercados onipresentes da nova mão invisível, que têm seus próprios valores implícitos e podem facilmente sobrepujar quaisquer valores que os líderes queiram incutir nas organizações.

Os mercados valorizam o intercambiável, quantificam o valor e o medem pelo preço. Nos mercados, as interações humanas costumam ser transações definidas por quem recebe o quê, e eles tendem a reduzir a motivação humana à remuneração, recompensando o que traz retorno. No fundo, a perspectiva do mercado é altamente individualista, o que a torna diametralmente oposta ao conceito de valores organizacionais. De acordo com a visão mercadológica, você está por sua conta e é melhor você fazer o melhor negócio possível para si mesmo. Nas palavras de Robert Nozick, filósofo libertário, o capitalismo intensivo em mercado é essencialmente um sistema de "atos capitalistas consensuais entre adultos".[1]

A tentadora opção para os líderes hoje é abandonar a ideia de que os valores dentro das organizações possam ser muito diferentes dos externos e depender de incentivos de mercado, métricas e monitoramento para atingir os objetivos da empresa. Essa tentação é grande porque a alternativa de resistir aos valores implícitos dos mercados pode parecer em descompasso com o momento em que vivemos. Hoje, a pressão para alcançar metas é transmitida como um choque elétrico por todas as direções de uma organização. Quem trabalha em uma empresa sabe, ou deveria saber, que pode ser substituído, porque a era de lealdade para com os funcionários terminou, e os profundos e sofisticados mercados de trabalho tornam quase todas as pessoas fungíveis, o que levanta perturbadoras questões que podem preocupar os gerentes. Onde eles encontrarão o próximo emprego? Será um passo para cima ou para baixo na carreira? Eles terão a energia e a motivação para recomeçar a galgar os degraus da escada? Os valores do mercado parecem irresistíveis.

A árdua e até mesmo assustadora alternativa para os líderes é levar as pressões do mercado muito a sério e responder a elas usando uma de três formas básicas. Em alguns casos, os líderes responsáveis podem tentar intensificar e acelerar as pressões do mercado. Em outros, tentam criar valores organizacionais que enfraqueçam ou estancam as pressões do mercado e, em outras situações, comprometem-se com valores que transcendem às forças de mercado.

Para ter êxito na empreitada, os líderes precisam fazer mais que seguir a abordagem-padrão do século XX para valores, que normalmente assume a forma de longas listas de princípios éticos básicos e sólidos valores de negócio. A criação dos valores essenciais corretos hoje pressupõe a atenção a outro conjunto de valores mais sucinto – clareza, projetos significativos e limites éticos claros –, que respondam diretamente às pressões, oportunidades e perigos de um mundo recombinante. Prestar atenção na clareza é uma valiosa forma de acelerar os valores do mercado. Projetos significativos são uma forma fundamental de transcender a essas pressões, e limites éticos claros podem ser cruciais para bloquear as pressões do mercado e reduzir o risco de comportamento antiético, ilegal e prejudicial em organizações complexas e fluidas.

Para entender por que esses três valores fundamentais são importantes agora, é preciso compreender o papel desempenhado pelos das organizações clássicas do século XX, ver como chegaram às contemporâneas ladainhas de valores de consenso e compreender a evanescente relevância dessa abordagem. Neste contexto, a abordagem emergente para os valores – com ênfase na clareza, projetos significativos e limites éticos claros – acentuadamente se destaca.

Catedrais e arquitetos

Uma antiga história descreve um viajante que fala com três cortadores de pedras em um canteiro de obras de uma cidade inglesa. O viajante pergunta a cada um o que ele está fazendo. O primeiro diz: "Estou ganhando a vida." O segundo diz: "Estou cortando uma pedra que se encaixará com perfeição nessa parede e a tornará sólida." E o terceiro diz: "Estou ajudando Sir Christopher Wren a construir uma catedral magnífica para mostrar a glória de Deus."

Essa história resume o ponto de vista do século XX para os valores organizacionais e suas implicações para os líderes. A premissa básica é que o mundo está dividido em duas categorias: os líderes visionários e os seguidores. Os verdadeiros líderes, como Sir Christopher, pensam com ousadia e grandiosamente e comunicam sua visão e seus valores de maneira tão poderosa que conferem significado e propósito para muitos outros, como o terceiro cortador de pedras.

Por exemplo, James Selznick, importante pensador organizacional do século XX, argumentou que os verdadeiros líderes articularam um conjunto de valores e os "institucionalizaram", o que significava que os valores estavam inseridos na vida cotidiana e nas decisões de rotina de uma organização. A perspectiva de Selznick descrevia os imponentes modelos de gerenciamento do século XX. Após a morte de Konosuke Matsushita, a Panasonic continuou a operar segundo seus princípios, como fez a IBM depois de Thomas Watson e a General Motors após Alfred Sloan. Outro relevante pensador, o historiador e cientista político James MacGregor Burns, desenvolveu uma visão mais complexa da liderança, mas, como Selznick, Burns classificou os líderes visionários em uma categoria especial. Em sua clássica obra *Leadership*, publicada em 1978, Burns argumentou que a grande maioria dos gerentes era composta pelo que chamou de líderes transacionais, enquanto uma pequena parcela deles eram líderes transformacionais.

Os transacionais motivavam outras pessoas e faziam seu trabalho por meio de metas, monitoramento, incentivos e relatórios. Eles compreendiam suas funções e responsabilidades dentro das estruturas maiores ao seu redor. Planejavam, monitoravam e executavam. Como o segundo cortador de pedras, os líderes transacionais encaixam com cuidado cada pedra em seu lugar; geralmente eram chamados de gerentes, não de líderes. Em contrapartida, os líderes transformacionais motivavam os outros por meio de valores e chegavam até a reformular os dos liderados.

Como Selznick, Burns aparentemente havia descrito as grandes empresas do século XX. No topo estavam os estadistas industriais – líderes ousados e determinados, muitas vezes os fundadores da empresa, que tinham visões eloquentes sobre elas e, em muitos casos, sobre a sociedade como um todo, as quais comunicavam para seus gerentes assalariados. Os americanos chamavam esses gerentes de homens da organização; no Japão, eles eram os assalariados, na Alemanha, os *bueroangestellter*. A distinção líder/gerente ainda parecia existir fora do mundo dos negócios. Em meados do século XX, gigantes como Franklin D. Roosevelt, Mao Zedong e Winston Churchill inspiraram e reformularam sociedades ao liderar vastas hierarquias militares e políticas formadas por milhões de soldados e funcionários públicos anônimos e administradas por vários tipos de "gerência de nível médio".

Burns e Selznick também apresentam uma inovadora e contundente perspectiva sobre as grandes máquinas industriais do século XX. Era fácil pensar nessas organizações como máquinas gigantescas, administradas por gerentes desprovidos de alma, em que cada gerente era responsável por uma pequena célula em uma vasta estrutura de papéis, responsabilidades e regras. Burns e Selznick entendiam que as grandes organizações também eram comunidades humanas e poderiam estar repletas de valor e de propósito. Sua visão sobre essas empresas deu aos líderes responsáveis uma missão clara: incutir senso de significado no que, de outra forma, seriam estruturas mecanicistas que reduziram os humanos a autômatos. Os verdadeiros líderes ajudariam os outros membros de uma organização a se sentir como o terceiro cortador de pedras e, acredito, estavam contribuindo para objetivos maiores e duradouros.

A crise dos valores da "catedral"

Apesar de seu poder, o modelo clássico de líderes inspiradores e seguidores inspirados tinha graves falhas. Como o corte de pedras, o trabalho nas gigantescas operações de manufatura do século XX era muitas vezes entediante, repetitivo, árduo e até perigoso. Já o trabalho de escritório, apesar de mais seguro, podia ser maçante e desumanizante: o "homem da organização" era alvo de críticas, não um modelo a ser seguido.[2] Em outras palavras, uma superestrutura com vagos traços religiosos de propósito, missão, credo e contribuição social não alterava muitos dos fatos da vida organizacional. Os críticos mais severos do capitalismo industrial entendiam a retórica nobre da liderança transformacional como uma forma extremamente inteligente de esconder, proteger e legitimar o concentrado poder econômico e seu frequente abuso.

Nas últimas décadas, algumas das lacunas na visão tradicional de liderança corporativa se transformaram em abismos. Um desafio comum é incutir valores quando os trabalhadores trocam de organização com frequência. Outro fator é o ceticismo generalizado sobre as reais motivações dos líderes empresariais. Os escândalos reforçam essa questão, assim como os executivos cujos compromissos reais parecem ser com os pacotes de remuneração – alguns dos quais superam os orçamentos de muitas cidades –, não com os valores corporativos.

Outro problema causou espanto: já que os altos executivos começaram a levar os valores mais a sério, as declarações de valores corporativos se tornaram padronizadas, até mesmo banais. O problema se agravou quando as empresas se tornaram globais, porque os valores tiveram de ser formulados em termos bem genéricos, a fim de abranger uma ampla gama de práticas empresariais, jurídicas e culturais. No final, essas declarações se tornaram tão vagas que pareciam carregar pouco conteúdo real e podiam justificar uma amplitude de abordagens para os problemas e as oportunidades.

Essas declarações genéricas suscitam comentários céticos e desdenhosos, até mesmo dos CEOs de grandes empresas. O diretor de uma grande organização europeia de energia, por exemplo, disse:

> *Leio muitas vezes no verso dos relatórios anuais a visão da empresa e muitas questões complicadas que parecem ter saído de livros didáticos ou de consultores. Eles dizem que a visão da empresa é fazer dessa ou de outra forma e aumentar a satisfação do cliente ou algo parecido.*[3]

Um estudo recente constatou semelhanças notáveis no conteúdo e até mesmo na redação de muitas declarações de missão corporativa e códigos de ética – como se tivessem sido modularizados, como coisas é comum acontecer hoje em dia.[4]

O CEO da Microsoft, Bill Gates, advertiu contra esses pronunciamentos vagos e pseudovisionários, chamando-os de conversa de MIPS (Milhões de Instruções Por Segundo) infindáveis.[5] Lou Gerstner adotou um entendimento semelhante quando se tornou CEO da quase falida IBM e disse que o que a empresa menos precisava era de uma "visão".[6] Essas declarações – de um dos empreendedores mais bem-sucedidos dos tempos modernos e do executivo de grandes empresas que salvou e transformou a IBM – reforçam as perguntas sobre a visão de "grande catedral" da missão e dos valores.

Uma nova reflexão sobre a responsabilidade

A principal razão para repensar a abordagem clássica de valores é o fato de ser mais adequada para o capitalismo tradicional e institucional, em vez do capitalismo contemporâneo e empreendedor. Grande parte da tarefa de liderança hoje é altamente transacional, que pressupõe que os líderes conduzam os compromissos em evolução por meio de complexidades, surpresas e turbulências. Quando as empresas são plataformas para a reconfiguração constante, os líderes precisam de aprimoradas habilidades de negociação. Nos mercados em atividade constante, os líderes estão sempre envolvidos com "fazer negócios" de vários tipos. Em suma, em um mundo orientado para o mercado, grande parte das atividades importantes envolve transações e fluxos, que precisam ser guiadas, definidas e estruturadas de forma adequada, e essa é a responsabilidade dos líderes. Em outras palavras, a liderança hoje é altamente "transacional". Não se trata de uma versão diluída ou da segunda melhor versão de liderança: é apenas liderança.

A distinção entre líderes e gerentes, citada com frequência, agora tem utilidade limitada. Sua visão se dava através de uma lente tradicional, de um mundo de hierarquias, e concluía que a liderança responsável era definida por líderes inspiradores nos altos cargos. Essa definição era uma inevitável simplificação, mas continha traços de verdade. Porém, uma perspectiva contemporânea destaca redes de talento, ideias, tecnologia e partes da organização em constante mudança, com líderes em meio a adaptações, negociações, pressões e reajustes quase contínuos.

Isso significa que a respeitada distinção entre líderes e gerentes agora merece uma vitrine de destaque no museu do pensamento gerencial. Os líderes carismáticos não desapareceram e nunca desaparecerão, muito menos os burocratas, mas nenhum termo descreve grande parte da realidade gerencial de hoje. Atualmente, os líderes responsáveis precisam de alternativas para as declarações empresariais genéricas para pensar sobre os valores. Em especial, uma forma que reflita e tire proveito das forças de mercado que permeiam o mundo.

Valores de consenso e valores essenciais

Qual é a alternativa para a abordagem da "catedral grandiosa e do grande arquiteto"? Que abordagem para os valores organizacionais tem alguma chance de sobreviver e transcender as pressões dos mercados intensamente competitivos e os valores implícitos promovidos por tais mercados? A resposta emergente pode ser que os líderes devem distinguir entre dois tipos diferentes de valores – *valores de consenso* e *valores essenciais* – e prestar atenção aos valores essenciais.

Os valores de consenso são conhecidos porque refletem a visão da grandiosa catedral e se tornaram uma prática empresarial comum. Eles podem ser encontrados nas declarações de valor de muitas grandes empresas e contam com três elementos básicos, um dos quais é uma abrangente declaração, que geralmente explica como a empresa vai mudar o mundo e fazer alguma contribuição significativa para a sociedade. A missão da Whole Foods, por exemplo, está enquadrada em termos de "alimentos integrais, um planeta inteiro, pessoas inteiras", enquanto a Apple quer "afetar o universo". O segundo elemento é geralmente uma lista de valores básicos, como honestidade, integridade e respeito pelas pessoas, comunidades e leis. O terceiro elemento é muitas vezes uma declaração de responsabilidades perante stakeholders específicos.[7]

Os valores de consenso são fáceis de serem criticados como vagos, internamente inconsistentes, fundamentados no senso comum ou hipócritas, mas refletem uma profunda necessidade da natureza humana e servem como um contrapeso aos valores de mercado. Como um empreendedor expressou: "Sem perseguir algo importante, atemporal, verdadeiramente diferenciado no mercado, as forças que atrasam o progresso de praticamente todas as organizações tomarão conta. Sem ousadia em seu propósito, é mais difícil ter sucesso."[8]

Além disso, ninguém quer viver ou trabalhar em um mundo no qual as instituições poderosas e seus líderes não conseguiram cumprir os padrões mínimos de ética, responsabilidade e civilidade. Os valores de consenso podem parecer óbvios para os observadores das arquibancadas, mas os líderes experientes entendem como é difícil – em face da árdua concorrência, onipresente complexidade, que esconde agentes de má-fé, e intensas pressões para fazer como os romanos – garantir que as organizações atendam aos valores de consenso. Em suma, os valores de consenso são importantes, mesmo que, muitas vezes, despertem indiferença, ceticismo e até desprezo.

Todavia, os valores essenciais são *realmente* importantes; são os valores aos quais um líder, uma equipe de diretoria e uma organização se empenharão para atender. Normalmente, despertam um profundo senso de compromisso porque reforçam a estratégia da empresa e porque o líder tem um compromisso pessoal e profundo com eles.

Em outras palavras, os líderes responsáveis são malabaristas. Os valores de consenso são as bolas as quais eles se esforçam para não deixar cair. Os valores essenciais são as que eles acreditam que devam ficar no ar. Como tal, a prova de fogo de um valor essencial não é feita por palavras nem por ações. É a vontade de lutar com empenho – com coragem, imaginação e tenacidade – para cumprir o compromisso com esse valor.

Praticamente todas as organizações têm valores fundamentais, mas que, muitas vezes, permanecem implícitos, ocultos nas declarações de missão genéricas que comprometem as organizações com quase tudo.

Mas a maioria das pessoas que já trabalharam em uma organização por algum tempo descobre quais são seus verdadeiros valores essenciais ao observar o que os líderes fazem quando é preciso fazer escolhas difíceis, que revelam o que eles realmente valorizam. Os valores essenciais geram longas noites de trabalho, extenuantes esforços, reais temores de fracasso e euforia frente ao sucesso.

É perigoso fazer generalizações, mas a experiência dos empreendedores indica que um forte compromisso pessoal com três valores essenciais é fundamental para a liderança responsável e eficaz hoje: clareza, projetos significativos e limites éticos claros. De maneiras diferentes, cada um ajuda os líderes e organizações a responder aos riscos e oportunidades criados pelas forças onipresentes do mercado.

Clareza

No século XX, Louis Brandeis, juiz da Suprema Corte americana, escreveu um famoso endosso sobre a transparência: "Dizem que a luz do dia é o melhor desinfetante."[9] Essa afirmação é de uma época em que as gigantescas empresas industriais surgiam todos os dias, e era muito mais difícil para os observadores externos entender o que estava acontecendo dentro delas. Durante o auge, essas empresas desfrutavam de enormes fluxos de caixa, e os executivos se sentiam naturalmente tentados a usar informações para diversos fins – para avançar na carreira, solidificar relações com os legisladores e reguladores, apoiar projetos de que gostavam e promover seus protegidos. Em algumas empresas, essa prática se tornou irrelevante. A transparência ajudou a atenuar o problema nas grandes empresas e outras instituições de grande porte em toda a sociedade.

A transparência ainda é importante hoje, mas quando a concorrência é intensa, as organizações são frágeis, o sucesso depende bastante da inovação, e os planos são profundamente falíveis, os líderes precisam dar um passo adiante e se comprometer, assim como as organizações, com a clareza, o que significa, na prática, tomar a iniciativa de dizer aos outros, de forma simples e direta: "Você precisa saber disso aqui", "Isto está indo bem, mas isso não está" ou "Este é o grande problema que precisamos corrigir".

Christopher Michel, diretor do Nautilus Ventures e fundador do Affinity Labs – que constrói redes sociais especializadas para bombeiros, enfermeiros e outros grupos –, definiu a clareza da seguinte forma:

> *É transmitir o importante com objetividade... Fazer apresentações sem medo de encarar a realidade, sem mascarar a situação, e ser totalmente claro quando há um elefante na sala. É estar comprometido em fazer todos entenderem o problema. É reconhecer completamente a situação e deixar tudo às claras, fornecendo fatos importantes e tratando de questões e conflitos difíceis. Algumas pessoas têm esse talento, outras não, mas é necessário.*[10]

Por que um compromisso essencial com a clareza é tão valioso hoje em dia? A razão básica é que a clareza explora o inevitável: é uma maneira de atualizar as inevitáveis pressões do mercado, transformando-as em informações, e moldá-las de maneiras que possam ajudar uma organização a sobreviver e prosperar.

Os mercados são dispositivos de comunicação de extraordinária utilidade. No nível mais simples, informam compradores e vendedores os preços. No entanto, muitos mercados hoje comunicam além disso, porque são fundamentados em contratos relacionais,[11] o que significa que as partes trabalham juntas, às vezes durante anos, e acabam se conhecendo bastante. Como resultado, a clareza, quase inevitavelmente, provoca reações – muitas vezes, sensatas e valiosas – dessas outras partes. Assim, elas podem comunicar os padrões que um líder e uma organização precisam cumprir para continuar ou melhorar um relacionamento e as mudanças necessárias.

Isso se aplica especialmente a períodos de turbulência. Em face da profunda incerteza e complexidade, nenhuma liderança e nenhuma organização, por mais brilhante que seja, pode dar conta de tudo sozinha. Elas precisam estar envolvidas em um diálogo com outras partes sobre o que precisam realizar. De outro modo, a sinceridade e a responsabilidade criam uma valiosa e prática conversa para líderes e organizações, o que se aplica especialmente ao mundo multimercado de hoje.

A Google escolheu essa opção durante uma acalorada controvérsia sobre a censura na China e a suposta cumplicidade de empresas como Yahoo!, Cisco e Google – todas dedicadas ao livre fluxo de informações – com o que tem sido chamado de "o grande firewall da China". A Google fez uma declaração pública:

> *A autocensura, como a que estamos agora obrigados a realizar na China, é algo que entra em profundo conflito com nossos princípios fundamentais. Reconhecemos o conflito e a inconsistência... Não é apropriado dizer que estamos orgulhosos de nossa decisão. É muito cedo para isso. Esperamos que a decisão venha a ser o caminho certo. Se, ao longo do tempo, não formos capazes de atingir nossos objetivos de continuar a conciliar esses interesses na China, não hesitaremos em reconsiderar nossas operações nesse mercado.*[12]

Uma comunicação honesta como essa costuma provocar forte reação, recomendações, incentivos e pressões, porque os mercados onipresentes dão outras opções aos investidores, clientes, talentos, parceiros e órgãos governamentais. Os agentes externos dizem: "Trabalhem nestes problemas e façam algum progresso ou expliquem por que não é possível, pois, caso contrário, vamos procurar outras oportunidades." Essa postura pode ser dolorosa ou desconfortável no curto prazo, mas uma tendência determinada a favor da clareza pode ajudar os líderes a ouvir análises e recomendações de que precisam – antes que seja tarde demais.[13]

A clareza também tem seu preço dentro de uma organização. Muitas hoje são plataformas, enfrentam intensa concorrência e estão competindo no conhecimento e na informação, o que torna mais crítica a tarefa de se obterem informações para se mover rapidamente dentro de uma organização. Mover-se rapidamente significa lateralmente – entre os departamentos, unidades, divisões, equipes e forças-tarefa –, em vez de para cima e para baixo em uma hierarquia clássica. A clareza também facilita que os líderes e outras pessoas entendam o que está acontecendo nas organizações e nos mercados, repletos de complexas e imprevisíveis interações entre uma dinâmica variedade de pessoas, tecnologias, parcerias, experimentos e surpresas.

Tudo isso pode parecer sensato, mas os líderes que enfrentam intensa pressão por desempenho precisam ter coragem intelectual, psicológica e emocional para seguir os fatos e análises tanto quanto possível e para divulgar o que encontram. Às vezes, um exame honesto dos fatos revela que não há respostas claras ou que as respostas do passado, que agora são aplicadas em planos e ações detalhadas, precisam ser reconsideradas. A tendência natural é ignorar essa análise, assim como as pessoas costumam evitar ir ao médico porque não querem ouvir determinada recomendação.

A luta pela clareza muitas vezes significa prestar atenção às realidades dos riscos e problemas. Isso é difícil para muitos líderes, normalmente profissionais com excesso de confiança e otimismo, e enorme fé em si mesmos, em seu trabalho e nas pessoas. Eles também sabem que os sentimentos negativos emanados por um líder podem se espalhar como uma doença contagiosa. Quando grande parte do futuro é uma tela em branco, a tentação é desviar o olhar da perspectiva de fracasso e preencher a imaginação e o ambiente com declarações otimistas. Outra lamentável opção é adotar algumas posturas convencionais que muitas empresas já consolidadas conseguiram pôr em prática – comunicados de imprensa dissimulados, cumprimento mínimo das exigências de divulgação de informações, interpretações excessivamente otimistas de situações incertas, sonegação de informações aos conselhos de administração e desvio da atenção dos reguladores dos verdadeiros problemas.

É preciso ter força intelectual e moral para o líder colocar uma grande placa que diga: "Não sabemos, apesar de fazermos de tudo para aprender" ou "Aqui está o que sabemos, é complicado, e temos de continuar trabalhando, ser flexíveis e ver o que podemos aprender com a situação", ou "Receio que estamos no caminho errado". É por isso que a clareza é, em essência, a medicina autoadministrada. O gosto é ruim, mas o tratamento é geralmente uma opção melhor que ignorar os sintomas e retardar o inevitável.

A maioria dos empreendedores sabe que os problemas, surpresas e fracassos, grandes e pequenos, são fatos da vida. Na verdade, quanto mais ousada for a inovação e a ambição, maior a probabilidade de esses fatos ocorrerem. Nos últimos anos, vários grupos tentaram tirar o estigma do fracasso e de sua divulgação para os empresários dos setores privado e sem fins lucrativos. Por exemplo, o Banco Mundial realizou uma FAILFaire (feira do fracasso) internacional em 2012 para ajudar os participantes a entender que o fracasso era parte inevitável do trabalho de desenvolvimento inovador. Um tema importante no evento foi a relevância de encontrar doadores que não esperassem ficar continuamente impressionados e deslumbrados, mas entendessem a vulnerabilidade dos projetos que apoiavam e que pudessem ajudar as organizações a lidar com os obstáculos.[14]

O que a clareza significa na prática? Acima de tudo, significa que um líder demonstra de forma consistente uma forte tendência a adotar a franqueza, a divulgação de informações e a abertura. Significa responder à pergunta que realmente está sendo feita, mesmo que seja constrangedora, em vez de desviar a conversa e torcer para que os outros não questionem sua autoridade e retomem o mesmo tema constrangedor. Os líderes comprometidos com a clareza não jogam com as informações e desencorajam os outros de fazê-lo, admitem prontamente erros e incertezas, elogiam e recompensam a sinceridade dos outros e pedem avaliações realistas, fundamentadas em fatos, sobre as situações e problemas.

Como acontece com qualquer compromisso sério, a prova de fogo da clareza é o comportamento diário, não só o do líder, mas de toda a organização. A questão básica é quantas reuniões, conversas no cafezinho e trocas de e-mail apresentam declarações que expressam "Aqui está o que você precisa saber", "Precisamos falar sobre isso" ou "Aquilo está me enlouquecendo". Em suma, em uma organização comprometida com clareza, os elefantes na sala raramente são ignorados.

Um dos exemplos mais conhecidos de transparência empresarial foi a resposta da Johnson & Johnson à morte de sete pessoas, na área de Chicago, que tomaram Tylenol misturado com cianeto. A empresa decidiu imediatamente que iria revelar tudo que sabia aos meios de comunicação, agências governamentais e comunidades locais. Em troca, a J&J esperava obter informações ou ideias que pudessem ajudá-la a entender o que tinha acontecido. A empresa persistiu com essa política, apesar dos sérios obstáculos que encontrou. Em determinado momento, por exemplo, a J&J disse que havia cianeto na fábrica onde foram feitas as cápsulas envenenadas. Mais tarde, a empresa teve de corrigir publicamente essa afirmação, porque constatou que pequenas quantidades de cianeto eram usadas no processo de controle de qualidade da fábrica. Após a crise, a J&J foi amplamente elogiada por sua franqueza, e o gerenciamento de crise se tornou um modelo para outras organizações.

Infelizmente, nos últimos anos, a J&J não conseguiu seguir o próprio exemplo. Entre 2009 e 2012, a empresa teve uma série aparentemente interminável de problemas com os produtos. Tentou esconder alguns deles, fez divulgações parciais em outros casos e acabou criando ceticismo e desprezo sobre suas operações e a confiabilidade de seus líderes. Na verdade, como a empresa não foi franca nem se responsabilizou por seus atos, o preço pode ter sido pago pelo CEO, que perdeu o cargo.

Em que ponto exatamente os líderes e organizações devem traçar a linha entre a transparência sobre informações importantes, problemas sérios e oportunidades valiosas, de um lado, e a administração responsável ou mesmo ocultação de informações estratégicas e confidenciais do outro? Não há uma resposta simples para essa pergunta, mas uma empreendedora sugeriu uma diretriz útil. Janet Kraus, cofundadora da Circles, grande empresa de serviços de concierge e de organização de eventos, disse que tentou se colocar no lugar da outra parte – que poderia ser um investidor, um cliente, um empregado ou um regulador do governo – e perguntar se ela achava que tinha motivos legítimos para solicitar e obter determinada informação. Se a resposta fosse não, a conversa provavelmente passaria para outros temas. Se fosse sim, a informação provavelmente deveria ser divulgada, e um líder e uma organização precisariam prestar muita atenção ao que ouviriam em seguida.[15]

Esse teste fornece apenas um padrão mínimo de franqueza e indica o que deve ser divulgado, de acordo com os interesses e direitos legítimos da outra parte. Um padrão mais amplo pergunta o que um líder e uma organização podem aprender com a divulgação de informações e a atenção às reações das partes conhecedoras e comprometidas. Ambos os padrões – o teste de legitimidade e o de aprendizado – são formas de combater a série quase infinita de desculpas para bloquear o fluxo de informações para os mercados: a possibilidade de que as informações sejam usadas contra a organização na justiça, o risco de que a imprensa vá interpretá-las da maneira errada ou a caricatura dos mercados financeiros como prontos para atacar, voltados para o curto prazo e impulsionados por modismos. Na verdade, vários estudos quantitativos recentes sugerem que a transparência perante os mercados financeiros pode criar um fórum de valioso diálogo de duas vias entre os investidores e líderes empresariais.[16]

O velho ditado "Os melhores amigos contam apenas para seus melhores amigos" representa uma boa dose de sabedoria prática. Os mercados intensamente competitivos e vibrantes de hoje são vorazes consumidores de conhecimento, dados, boatos e todos os tipos de fragmentos de informação. As fronteiras difusas em torno das organizações são permeáveis. Como resultado, os líderes precisam ser realistas e perceber que, em muitos casos, não podem evitar a intensa pressão do mercado pela transparência. Tudo que podem fazer é escolher entre as melhores e piores versões. A versão inferior é a transparência que vem tarde, com relutância e parcialidade, e estimula quaisquer suspeitas iniciais dos agentes externos. A forma superior é clara, oportuna e completa e aumenta a confiança e credibilidade que as pessoas depositam em uma organização e em seus líderes.

Projetos significativos

A transparência é uma forma valiosa de tirar proveito das forças de mercado, mas a liderança responsável hoje muitas vezes requer um segundo compromisso essencial: com as forças transcendentes de mercado, criando, nutrindo e protegendo os projetos significativos. Em um mundo altamente competitivo, a sobrevivência e o sucesso dependem da tenacidade, criatividade e paixão dos líderes e de muitos outros em uma organização, mas o compromisso profundo não é uma commodity negociada nos mercados. As pessoas se comprometem e se empenham porque uma atividade ou objetivo realmente significa algo para elas. Os grandes estadistas industriais compreendiam isso, assim como a maioria dos empreendedores. Mas de onde vem o significado quando tantos fatores são incertos, temporários e falíveis?

Em recente conversa confidencial, uma empresária e investidora muito bem-sucedida no segmento de biotecnologia fez uma provocativa e intrigante declaração. "Ninguém", disse ela, "quer um credo detalhado. As pessoas querem bastante espaço para a iniciativa pessoal e um projeto que as inspire. Em uma empresa que conheço, todos estão animadíssimos em criar o que chamam de 'cirurgia sem bisturi'. Não se trata apenas de remuneração, porque, para as hierarquias superiores, ela está disponível em outros lugares. Trata-se do significado que o projeto tem para essas pessoas".

Essa afirmação é provocativa porque sugere que pessoas talentosas agora não acreditam tanto em credos corporativos e declarações de missão tradicionais. Em outras palavras, em uma economia fluida e orientada para o mercado, os funcionários estão muito menos propensos a se verem como cortadores de pedra de carreira, trabalhando em permanentes e descomunais edifícios. Os empreendedores perseguem grandes visões e ambições, e poucos têm sucesso, mas também compreendem a frase favorita de Ed Zschau, empreendedor e capitalista de risco bem-sucedido que agora ministra aulas no Departamento de Engenharia da Princeton University: "Nada é para sempre."[17]

Uma nova empresa poderia, é claro, se tornar outra IBM e durar um século, mas o impressionante sucesso de hoje é muitas vezes a empresa ultrapassada, a aquisição ou fracasso de amanhã. A esse respeito, a declaração da empreendedora na área de biotecnologia reflete as realidades da nova mão invisível. Além disso, sua visão é consistente com pesquisas recentes sobre como motivar pessoas talentosas. Por exemplo, um recente artigo publicado na *Harvard Business Review* sobre como gerenciar pessoas criativas não fez qualquer menção aos credos ou declarações de missão corporativa.[18]

Porém, essas notícias tornam a declaração da empreendedora intrigante. Ela se refere ao entusiasmo, iniciativa e inspiração. De onde esses elementos vêm quando os trabalhos, planos de carreira e organizações inteiras podem desaparecer em um piscar de olhos? Por que tantas pessoas trabalham tão intensamente em organizações empreendedoras se não têm a sensação de que estão construindo algo duradouro?

A resposta está, pelo menos em parte, em um segundo valor essencial dos líderes responsáveis, profundamente comprometidos com a criação, profunda compreensão e apoio pessoal a uma vasta gama de projetos significativos em suas organizações. Esses líderes e suas empresas também podem adotar alguma versão padronizada de consenso – credos de valor e declarações de missão, porque são quase obrigatórios hoje e costumam oferecer recompensas financeiras pelo sucesso. Mas as organizações conseguem ter foco e intensidade porque, dia após dia, semana após semana, as pessoas sentem que estão trabalhando em projetos que realmente importam.

"Cirurgia sem bisturi" é a metáfora para tarefas que geram compromisso intenso, porque as pessoas que trabalham sentem que podem provocar um impacto claro, direto, imediato ou de curto prazo e que estão perto de fazer algo importante – para um consumidor, cliente ou comunidade e para a empresa. Em outras palavras, significado e valor vêm da criação do equivalente contemporâneo de uma gárgula ou um belo vitral, não do acréscimo de outra pedra para um edifício grandioso e duradouro.

A visão de longo prazo é amplamente incentivada e elogiada, mas pode soar vazia com facilidade. Um intenso esforço para criar algo como uma "cirurgia sem bisturi" pode produzir significativo avanço que muda a Medicina, cria uma importante empresa de cuidados com a saúde e enriquece os fundadores, investidores iniciais e funcionários. Mas em um mundo fluido, impulsionado pelo conhecimento, o cenário mais provável é que muitas empresas, junto com universidades e consórcios de vários tipos, trabalhem em projetos semelhantes. Em algum momento futuro desconhecido, alguns desses esforços poderiam, de alguma forma, convergir e começar a mudar o que os cirurgiões e hospitais fazem. Mas todas essas perspectivas são distantes, especulativas e altamente incertas.

O valor e o significado incisivos precisam vir do impacto de curto prazo de um projeto e dos desafios que ele traz – conceituais, tecnológicos e gerenciais – para as pessoas em uma equipe de projeto. As organizações empreendedoras ilustram esse ponto com clareza, porque a maioria é, essencialmente, um projeto único, grande, que coloca "todos os ovos na mesma cesta". Todavia, muitas empresas de grande porte estão se remodelando em redes de atividades especializadas, fundamentadas no conhecimento, em que o projeto é a unidade básica da atividade.

A importância de "micro" objetivos de curto prazo, em vez de "macro" de longo prazo foi revelada em um rigoroso e abrangente estudo, feito durante vários anos com as experiências diárias de equipes em oito empresas. O estudo demonstrou a importância das vidas pessoais dos funcionários para o sucesso do trabalho e a relevância dos esforços feitos pelos gerentes seniores a fim de criar condições para que os funcionários e equipes progredissem nas tarefas e projetos. Constatou-se que o que tinha valor não eram as inspiradoras e generalizadas referências dos líderes sobre uma visão de longo prazo da empresa, mas seus pequenos gestos e esforços diários que afirmaram os valores dos projetos e abriram caminho para o sucesso, fornecendo objetivos claros, recursos, autonomia e feedback honesto e sensato.[19]

Em termos práticos, os líderes com nítido enfoque para o projeto ajudam as pessoas das organizações a responder a três perguntas: Estou fazendo uma contribuição real para um projeto interessante e potencialmente importante? Tenho a oportunidade de tomar a iniciativa e colocar minha identidade em algum aspecto do projeto? Se tivermos sucesso, vou receber a recompensa que mereço, na forma de remuneração e de novas oportunidades?

Para os líderes, é um grande desafio. Trata-se de uma constante luta contra as apressadas soluções de curto prazo. O desafio exige que os líderes compreendam as unidades, forças-tarefa e grupos de uma organização, para que possam dizer – de forma detalhada e convincente – por que seus esforços são importantes. Um compromisso fundamental com projetos significativos exige ainda mais horas de trabalho de líderes já sobrecarregados.

A luta para criar uma mentalidade de projeto em toda a empresa faz diferença por duas razões. Em primeiro lugar, pode determinar a sobrevivência e o sucesso. O compromisso intenso permite que as organizações ajam e se adaptem com rapidez, pensem nos detalhes críticos para o sucesso, extraiam o máximo valor possível de recursos limitados e vasculhem seus ambientes em busca de oportunidades. Em um mundo recombinante, no qual tudo é passível de cópia imediata, a intensidade, o espírito e a determinação de uma organização podem ser decisivos para o sucesso.

No final, é claro que os projetos de uma empresa devem se reforçar mutuamente de forma a ajudá-la a perseguir, ajustar e cumprir os compromissos assumidos em todos os mercados. Alguns projetos terão extraordinário sucesso, enquanto outros fracassarão. Alguns fracassos podem ser experiências que ensinem valiosas lições, enquanto outros podem fazer pouco mais que dar uma contribuição para os objetivos de longo prazo de uma empresa. No entanto, em um mundo orientado para o mercado no qual muitos avanços são, em essência, temporários e logo copiados em outros lugares, o sucesso muitas vezes depende não apenas do número de projetos em uma empresa, mas da intensidade que as equipes e os líderes dedicam a eles.

O desafio de criar, compreender e apoiar projetos significativos também é importante porque os profissionais que criam organizações bem-sucedidas estão fazendo mais que gerar empregos, renda e certo grau de segurança para os trabalhadores e seus dependentes. Também estão fornecendo propósito e significado. Trata-se de uma contribuição genuína e importante para a vida das pessoas, particularmente em economias e sociedades que, muitas vezes, se sentem fragmentadas e fluidas.

Vigilância sobre os limites claros

Os mercados criam pressões impressionantes para um desempenho de sucesso e, às vezes, oferecem espetaculares recompensas, o que, por sua vez, impõe que os líderes e outras pessoas tomem medidas que permitam atingir as métricas de mercado, mas que talvez demonstrem falta de visão. Pior ainda, quando uma forte pressão competitiva diz: "Bata as metas ou você enfrentará consequências", as pessoas podem se sentir compelidas a agir de forma obscura, flexibilizar as regras, violar a lei ou os padrões éticos. A coerção é muito intensa. As pessoas boas podem sucumbir a ela, e os empregados fracos ou corruptos podem optar por aproveitar alguns benefícios enquanto puderem. Se uma empresa compete internacionalmente, grande parte disso pode ser racionalizada como padrão global de "mínimo denominador comum".

Por causa de todos esses riscos, o terceiro valor essencial dos líderes responsáveis hoje é um compromisso com o estabelecimento de limites claros como formas de bloquear as perigosas pressões do mercado. Por exemplo, Warren Buffett se tornou CEO da Salomon Brothers em 1991 porque uma série de violações éticas levou a empresa à beira da falência. Um operador tinha violado repetidamente as regras do Departamento do Tesouro, e o CEO anterior acobertara o ocorrido. O Salomon precisava com urgência do apoio financeiro de Buffett, de sua credibilidade e reputação íntegra. Como banco de investimento, o Salomon Brothers dependia criticamente de crédito de curto prazo de outros bancos, o que, por sua vez, dependia da confiança deles no Salomon Brothers. Uma das primeiras declarações de Buffett, transmitida a todos os funcionários do banco, foi sucinta, direta e pessoal: "Se você perder o dinheiro da empresa por ter tomado uma decisão ruim", ele disse, "vou compreender. Se você perder a reputação, serei implacável".[20]

Buffett assumiu um compromisso pessoal para deixar evidente quais eram os limites, os valores os quais um líder acredita ser tão importantes, pois quando os funcionários os violam, são demitidos ou ficam sob rigorosa observação. Os valores costumam ser descritos em termos amplos e flexíveis, então, por que alguns precisam ser expressos em termos claros e quase draconianos e reforçados pelo compromisso explícito e pessoal dos líderes de uma organização? Há três fortes razões para isso.

Em primeiro lugar, como já vimos, a nova mão invisível é um mundo de complexas e fluidas organizações, cercadas por redes dinâmicas de relações obscuras, o que cria uma infinidade de oportunidades para as pessoas cometerem delitos e escondê-los. Atividades inovadoras proporcionam ainda mais oportunidades para causar prejuízos, porque os sistemas de controle, normas e princípios éticos muitas vezes estão passos atrás das inovações ou parecem não se aplicar a elas. Por fim, a tentação de explorar essas oportunidades é especialmente forte em um mundo orientado para o mercado, porque as pressões por desempenho são intensas, nenhum emprego está garantido, e o sucesso, verdadeiro ou falso, pode levar a recompensas exageradas.

Todos esses riscos se potencializam porque há algumas pessoas para quem a ética é apenas um cálculo. Antes de decidir se devem fazer o certo, analisam rapidamente o custo-benefício. Elas comparam a opção de fazer o errado – custos, benefícios e riscos – com a de fazer o certo. À medida que o mundo se torna mais complexo, as chances de ser pego parecem diminuir, e fazer o errado se torna mais atrativo. É por isso que o exemplo de Buffett e a ameaça de ser "implacável" são, infelizmente, realistas.

A segunda razão para os valores sobre limites claros é que um mundo multimercado e conectado é repleto de "armadilhas acionadas por um fio". Um erro ou um ato ilegal, mesmo que cometido por um obscuro gerente de nível médio, pode se propagar pelos mercados em torno de uma organização e trazer sérios danos. O exemplo mais memorável envolveu um jovem presidente do Baring Brothers, banco de investimento global, no escritório de Cingapura. Ele tinha a autoridade para negociar em nome da empresa e também era responsável pela conciliação de contas no final do dia. O duplo papel lhe permitiu fazer uma aposta secreta de US$1 bilhão no mercado de ações japonês. Pouco depois, o terremoto de Kobe gerou uma queda brutal no preço das ações, e todo o patrimônio do Baring Brothers, soma acumulada ao longo de dois séculos, evaporou. A empresa logo desapareceu.

Se uma empresa com o porte dela pode ser destruída por uma armadilha assim, organizações menores são ainda mais vulneráveis. Um empreendedor, falando confidencialmente, acreditava ter resolvido esse risco ao colocar um claro limite resumido em uma única palavra: mentira. Foi a forma encontrada por ele para lidar com um problema jurídico e ético bastante crítico para as organizações inovadoras. O problema tem muitos nomes – ufanismo, bajulação e falta de transparência e concisão ao se expressar –, mas todos eles estão ligados ao ponto até o qual se pode maquiar uma história. A pergunta pode ter traiçoeiras nuances mas o empreendedor adotou uma linha dura. "Alguns exageros não passam de mentiras", disse ele. "Alguns fatos simples e óbvios são descritos de forma equivocada ou criam-se fatos do nada. Não tolero isso."

Em outra entrevista confidencial, um empreendedor bastante conhecido traçou um limite similar. "Não dá para saber quais são as chances de o negócio dar certo, nem se o produto terá o desempenho esperado. Você só sabe que as chances são baixas. Você pode imaginar o cenário futuro, mas o importante é que ele não seja o que você sabe que está errado." Ambos os empreendedores acreditavam que era errado mentir, em termos éticos básicos. Também sabiam que as notícias correm pelas redes de relações que cercam as empresas hoje e podem danificar rapidamente a reputação de uma empresa e de seu líder. Quando a desconfiança se espalha, os mercados seguem basicamente um velho ditado italiano que aconselha: "Não acredite em nada do que ouve, e só em metade do que vê." Essas desconfianças podem prejudicar uma empresa em todos os mercados dos quais ela depende.

A terceira razão para valores com limites claros é simples, e Warren Buffett deu um exemplo nítido no caso do Salomon Brothers. Os CEOs muitas vezes traçam limites claros por causa das próprias convicções éticas e porque veem suas empresas como extensões de si mesmos. Esse é frequentemente o caso de empresas empreendedoras, nas quais o fundador a trata como a uma "filha".

Esses líderes também entendem que a profunda dedicação ao sucesso de uma organização pode levar boas pessoas a tomar atalhos ou violar as regras, motivadas por um compromisso intenso, porém equivocado. Em suma, quando os líderes conseguem criar equipes intensamente comprometidas com foco em projetos críticos e motivadas por vários sentimentos profundos, valores e interesses, eles estão brincando com fogo, pois criaram o equivalente organizacional de um maçarico – poderosa ferramenta que precisa ser manuseada com extremo cuidado.

A credibilidade é o desafio prático para os líderes que querem traçar limites claros. Dar a orientação certa – sobre reputação ou mentira, por exemplo – é fácil, mas deixar claro qual é o compromisso de um líder é difícil. Surpreendentemente, um valioso guia para a criação de credibilidade foi cunhado em uma frase memorável de alguém que lutou para romper barreiras, mas estava longe de ser um empreendedor convencional. Seu nome, antes de se tornar famoso como Muhammad Ali, era Cassius Clay, boxeador de extraordinária rapidez e inteligência, mas sem o porte e a força de muitos de seus adversários. Antes de uma luta com Sonny Liston, então campeão mundial dos pesos-pesados e um boxeador durão e determinado, Clay, com 22 anos, disse que iria "pairar como uma borboleta e picar como uma abelha". Depois da iniciada, Liston se esgotou de tanto tentar atingir o esquivo adversário. Clay acabou desferindo vários golpes bem cronometrados e mortais e vencendo a luta em sete rounds.[21]

"Picar como uma abelha" significa que um líder cobra um preço real de pessoas que ultrapassam limites claros, e são esses custos que criam a credibilidade. Isso acontece quando um líder penaliza ou demite um funcionário de talento por ter ultrapassado um limite claro; quando uma empresa diz não a um negócio lucrativo com um cliente se a relação violar um limite claro; quando uma empresa diz não a um financiamento atrativo se houver pressão para violar os valores da empresa. Os líderes "pairam como uma borboleta" quando observam com atenção, de perto e de forma contínua, à procura de violações dos valores básicos. Quando detectam um problema, agem com determinação e "picam como uma abelha".

Os limites claros não devem ser ultrapassados, e não deveríamos chegar perto deles. Quando esse fato é compreendido por todos, os limites claros servem como um sistema de alerta prévio, que pode ajudar as organizações a evitar problemas e até mesmo desastres. Preet Bharara, procurador dos Estados Unidos para o Distrito Sul de Nova York, deu uma explicação simples e direta. "Se você estiver única e exclusivamente dedicado a se equilibrar na linha entre o bem e o mal, tem grandes chances de acabar em conflito com os reguladores e, Deus me livre, com os promotores públicos", disse ele. "Talvez seja ainda mais perigoso porque você estará mandando uma mensagem para os outros na empresa, dizendo que é uma boa ideia ficar andando no limite. Isso pode dar certo por um tempo, mas as pessoas vão, invariavelmente, calcular mal seus passos, e as consequências serão, invariavelmente, ruins."[22]

Os valores relacionados com os limites claros não devem ser vistos como a modificação do comportamento por meio de ameaças e do medo – em outras palavras, como versões contemporâneas de enforcamento de ladrões por delitos menores. Os líderes responsáveis têm duas mensagens sobre os valores de limites claros. A primeira é um aviso para não violá-los ou se arriscar a fazê-lo. A outra diz: "Se você acha que está próximo de cruzar um desses limites realçados em vermelho, traga a questão à tona e deixe que os outros o ajudem a resolvê-la." Os líderes responsáveis elogiam, apoiam e recompensam as pessoas que dão um passo à frente e avisam sobre situações de risco, e, às vezes, aconselham e punem aqueles que não agem assim.

Luta e coragem

Cada um dos três compromissos essenciais – com a transparência, os projetos significativos e a vigilância sobre os limites claros – requer que os líderes lutem, às vezes, com coragem. Em parte, a luta reflete as pressões e tentações de um mundo orientado para o mercado. As pressões competitivas levam a um intenso foco sobre os lucros e a tarefa em questão, em vez de considerações intangíveis de longo prazo, como valores. Os funcionários que entram e saem das organizações, no mercado sempre ativo em busca de talentos, têm menos tempo e incentivo para aprender, compreender e firmar um compromisso pessoal com os valores essenciais ou de consenso.

Além disso, os funcionários de organizações que operam em vários países são influenciados, consciente ou inconscientemente, por uma ampla gama de valores e práticas, que podem ser contrárias aos da organização. Além disso, dois dos três valores essenciais levam a lutas distintas. A transparência dá margem a julgamentos de mercado que podem ser doloroso para os líderes e organizações, especialmente se o cenário não for bom. É preciso empenho e coragem de um líder para evitar as táticas-padrão para desviar a atenção e, em vez disso, divulgar informações difíceis ou constrangedoras e permitir que os outros responsabilizem o líder e a empresa.

Um verdadeiro compromisso com os limites claros requer coragem, por causa dos custos que o tornam digno de credibilidade. Se um líder demitir aquele "antigo funcionário boa-praça" por ter ultrapassado um limite claro, e todos souberem que ele já estava pronto para sair da empresa de qualquer forma, o resultado será apenas desprezo sobre os limites e uma percepção cristalina de que o líder os considera uma tática conveniente, e não um compromisso pessoal sério. Porém, o preço a pagar por tomar providências quando um funcionário de talento ou um cliente importante ultrapassa um limite claro pode ser elevado. Esses custos podem ser vistos como um investimento cujo retorno são menos violações no futuro, mas o impacto no curto prazo é um teste – com frequência, público e observado de perto – para descobrir se um líder tem a coragem de cumprir seus compromissos.

Exigências cumulativas da liderança hoje

Este capítulo e os três anteriores esboçaram respostas emergentes para as perguntas permanentes da liderança responsável ao descrever uma série de compromissos importantes e as lutas que eles acarretam. Quase inevitavelmente, os profissionais que tentam liderar com responsabilidade em um mundo empreendedor às vezes se perguntam se a luta vale a pena. Nesse momento, estão mencionando a última das perguntas permanentes sobre a liderança responsável.

Uma resposta é que os cargos de liderança, apesar das exigências, oferecem salários e benefícios, *status* e poder e a possibilidade de sucesso, fama e talvez até riqueza. Mas esse raciocínio se baseia em um cálculo interesseiro dos custos e benefícios, o que significa que, quando os custos e os riscos superam os benefícios, os líderes reduzirão esforços, renegociarão pacotes de remuneração ou pegarão seus pertences e tomarão outros rumos. Os verdadeiros líderes, no entanto – os heroicos, que conhecemos, e os mais discretos, que têm igual importância nas organizações –, não ficam o tempo todo calculando o valor presente de seus esforços. Eles trabalham e lutam com coragem porque buscam algo muito mais profundo. O próximo capítulo explica o que os impulsiona para a frente.

CAPÍTULO 6

POR QUE ESCOLHI ESTA VIDA?

Embora a última pergunta permanente sobre a liderança responsável pareça radicalmente diferente da primeira, as duas estão intimamente ligadas. A primeira pede aos líderes para olhar ao redor e se certificar de que estão empenhados em entender os fundamentos. Em contrapartida, a última pede que os líderes deem um passo para trás e perguntem: Por que escolhi esta vida? Que objetivos e ideais estou buscando?

As duas perguntas estão entrelaçadas porque as forças fundamentais no mundo de hoje, principalmente a recombinação orientada para o mercado, podem fazer da liderança uma luta especialmente árdua. Por isso, os líderes responsáveis – em todos os níveis das organizações – podem se perguntar se seu empenho e sacrifício estão valendo a pena. Eles podem se sentir como Sísifo, rei grego condenado pelos deuses a empurrar uma pedra pesada até o topo de uma colina íngreme, para então vê-la rolar de volta ao chão por toda a eternidade.

Até certo ponto, momentos de sérias dúvidas são inevitáveis. Se colocarmos de lado os relatos romantizados, veremos que a liderança sempre foi uma luta – para definir e comunicar os objetivos certos, superar os concorrentes, travar batalhas políticas internas, conciliar pressões e obrigações concorrentes e manter a disciplina pessoal, confiança e foco. Mas esses desafios inevitáveis da liderança são intensificados hoje, e cada uma das respostas emergentes para as perguntas permanentes indica isso.

Em um mundo recombinante e fluido, a concorrência é implacável, e a incerteza é grande. Os líderes enfrentam contínuas pressões por desempenho nos mercados de clientes, recursos, talentos, capacidades, parceiros, influência governamental e significado. A tomada de decisão e o planejamento tradicionais são muito menos confiáveis. As organizações têm de ser eficientes e especializadas, embora estejam inseridas em complexas e fluidas redes de relacionamentos, difíceis de administrar. É complicado comunicar os valores organizacionais com tantas mudanças, ceticismo e pressão por desempenho de curto prazo.

Por conta de tantos desafios, não é surpresa que os líderes possam se sentir isolados, especialmente se os conselhos de administração, os regulamentos em vigor e as normas do segmento só oferecerem orientações limitadas sobre as novas e obscuras questões decorrentes da inovação e recombinação complexa. Os líderes que levam a sério sua responsabilidade podem facilmente se encontrar no tipo de situação descrita por Daniel Callahan, pioneiro da ética médica, quando escreveu: "Aprendi a distinguir o certo do errado no colo de minha mãe, mas ela não me ensinou sobre a ética de transplantes de órgãos fetais."[1]

Além de todos esses desafios, os líderes também têm de lidar com a luta física diária do trabalho. Para os observadores externos, a liderança pode parecer uma atividade segura, tranquila e ordenada, realizada em escritórios bem equipados. A realidade é que o dia de trabalho de um líder geralmente começa quando ainda não amanheceu, e as reuniões podem avançar até depois da hora do jantar. Uma semana normal pode ter várias viagens aéreas, e o último dia de trabalho na semana muitas vezes é o domingo, dia tradicional de descanso. Além disso, os líderes que compreendam suas responsabilidades e as consequências que suas decisões têm para outras pessoas carregam um fardo mais pesado, porque conhecem e sentem o impacto humano do fracasso.

Por isso, é quase inevitável que eles se perguntem: Por que estou travando esta luta? Em alguns dias, a resposta é: "Porque ela faz parte de algo maior, emocionante, importante ou está tornando o mundo um lugar melhor." Em outros, a resposta é bem pragmática – uma versão de "Sou pago para isso", "Esse é meu ganha-pão" ou "É por isso que se chama trabalho".

Este livro refina a última pergunta permanente e define a liderança responsável como um esforço prolongado que exige perseverança e coragem, visando cumprir alguns compromissos sérios, mas profundamente falíveis, em um mundo incerto e muitas vezes implacável. Talvez lembre o trabalho de Sísifo. Pode ser que uma abordagem muito melhor seja se concentrar na confiança e otimismo que motivam os líderes e as oportunidades empresariais estimulantes criadas pela nova mão invisível. Infelizmente, essa sedutora abordagem representa apenas um desvio das perguntas difíceis, quase inevitáveis, sobre liderança e vida.

A última pergunta permanente reflete temas que emanam da sabedoria antiga, de quase todas as tradições religiosas e filosóficas e de grande parte da literatura clássica. Um deles é que a liderança é difícil porque a vida é difícil. O Livro de Jó nos diz: "O homem, nascido da mulher, é de escassos dias e cheio de problemas, surge como uma flor, murcha como ela e foge como uma sombra – ele não ficará."[2] Outra visão difundida afirma que, se a vida é difícil, a liderança é ainda mais. Nicolau Machiavel, estudioso de história e filosofia clássica, usou uma imagem familiar para descrever a precária situação que os líderes ocupam. Ele comparou a sorte a um grande rio que em geral flui tranquilamente, mas às vezes se enfurece sem aviso e leva embora o que estiver pela frente. Após pesquisar a história dos gregos antigos pelo Renascimento, Maquiavel concluiu: "Não há nada mais perigoso que a criação de uma nova ordem para as coisas."[3]

No entanto, outro tema de longa data é que a liderança é difícil não só porque o mundo é perigoso, mas porque os líderes são seres humanos e, portanto, imperfeitos, vulneráveis e propensos à ilusão e ao erro. Por exemplo, Shakespeare escreveu em *Macbeth*,

> *Oh, mas o homem, homem orgulhoso! Vestido de um pouco de autoridade, mais ignorante do que certezas tem, sua essência vítrea é como um macaco raivoso, faz esses truques fantásticos perante o céu, enquanto faz chorar os anjos.*

Em suma, o que pode parecer uma visão pessimista da liderança pode, na realidade, ser o realismo, e a última pergunta permanente pede aos líderes para refletir seriamente, de vez em quando, sobre essa perspectiva no trabalho. Mesmo nas grandes hierarquias estáveis do século XX, os árduos e pessoais desafios da liderança eram inevitáveis, e é importante entender como os líderes dessas organizações consideram esse desafio pessoal assustador, para que possamos ver o que é característico e importante sobre a resposta que surge hoje.

Meu local de trabalho e suas responsabilidades

Talvez a descrição mais vívida de liderança e de luta nas organizações hierárquicas clássicas tenha vindo de uma pessoa notável chamada Chester Barnard. Ele teve talento suficiente para se tornar um executivo de sucesso da AT&T durante a década de 1920, quando a Ma Bell era uma empresa de alta tecnologia de crescimento rápido, além de ter a mente de um teórico acadêmico de primeira linha. Barnard resumiu o que aprendeu ao administrar uma organização grande e complexa em um livro, *As funções do executivo* (Atlas, 1971), um dos trabalhos conceituais clássicos do século XX sobre liderança e organizações. Barnard descreve o desafio da liderança da seguinte forma: "Parece-me inevitável que a luta para promover a cooperação entre os homens deva destruir alguns moralmente, assim como a batalha os destrói fisicamente."[4]

As palavras são fortes. Então, por que os executivos que dirigiam as empresas hierárquicas clássicas persistiram nas árduas lutas que Barnard comparou ao combate físico? A resposta básica é que os papéis organizacionais ajudaram a compreender o que eles deveriam fazer e, mais importante, por quê. Ao liderar uma organização ou sua própria parte na empresa, esses gerentes estavam contribuindo para seu propósito maior. Além disso, eles não estavam sozinhos. Outros líderes, que gerenciavam outras partes da organização, também faziam parte do mesmo esforço concertado – direcionados e disciplinados pela hierarquia e com a intenção de alcançar alguns objetivos maiores e fundamentais.

Essa forma de justificar a luta da liderança teve especial eficácia em empresas lideradas pelos grandes estadistas industriais. Eles articulavam os papéis sociais e econômicos mais abrangentes de suas empresas e explicavam, de forma convincente, como os esforços individuais serviam a propósitos maiores. No Japão e na Alemanha, durante os anos do pós-guerra, a causa nobre era reconstruir um país e restaurar seu orgulho. Em outros tempos e lugares, a causa era a criação de novos segmentos, empregos e riqueza. A afirmação "O que é bom para a GM é bom para o país, e vice-versa" agora pode parecer antiquada, mas delineou um importante papel na sociedade para os gerentes da GM – confirmado pelas extraordinárias contribuições da empresa para o esforço de guerra e seu papel central, durante muitas décadas, na economia dos Estados Unidos. Tudo isso ajudou a justificar as lutas dos líderes.[5]

Ao mesmo tempo, sua luta era muitas vezes menos desafiadora que hoje, porque a concorrência era menos intensa, e os negócios, menos arriscados e incertos. Muitas das empresas dominantes e de sucesso por volta da década de 1960 foram oligopólios que competiam principalmente nos mercados domésticos. A regulamentação governamental amigável muitas vezes limitava ainda mais a concorrência. Com empregos quase vitalícios, gerentes e líderes não se sentiam em risco permanente. Em algumas grandes e já consolidadas empresas, a luta mais intensa travada pelos altos executivos era a batalha política interna para se tornar CEO, não a externa com os concorrentes.

Contudo, o panorama institucional do século XX não protegia os gerentes de perguntas pessoais sobre a real importância de seus esforços. Algumas das obras literárias mais convincentes do meio do século XX – como *Death of a Salesman*, de Arthur Miller, e *The Organization Man*, de William White – dramatizaram o tema. Além disso, não havia qualquer proteção definitiva contra as dúvidas, conflitos ou questões profundas sobre a vida e trabalho, como o aviso de Barnard deixara claro.

Os líderes às vezes descobriam que algumas de suas responsabilidades entravam em direto conflito com outras. Às vezes, sob pressão, eles comprometiam seus valores para progredir ou evitar resultados piores. Além disso, o mundo estável e menos competitivo de muitos segmentos não eliminava a incerteza, ansiedade e pressão competitiva. Quando as empresas lançavam novos produtos ou se aventuravam no exterior, os executivos enfrentavam desafios complexos e arriscados, repletos de incerteza, e perdiam muitas noites de sono. Contudo, esses líderes com frequência trabalhavam em um mundo menos arriscado, mais estável e menos competitivo que os colegas da atualidade. Eles trabalhavam dentro de uma superestrutura conhecida e estabelecida de funções, responsabilidades e propósito, que organizava e justificava seus esforços e fornecia orientações quando eles enfrentavam sérias pressões e rigorosos desafios.

Contudo, as pressões e os desafios de hoje são quase contínuos. Um executivo cuja carreira se estendeu pelos últimos 50 anos comentou que o trabalho antes consistia de picos e vales, mas hoje só tem picos. É por isso que os gerentes e líderes de hoje podem vivenciar a questão do propósito pessoal de maneiras pronunciadas e até dolorosas.

A boa luta

As perguntas pessoais de liderança confrontam profissionais dos vários níveis de organizações, não apenas os do topo. Na verdade, a última pergunta permanente é a que praticamente todos fazem porque é, em essência, uma versão do desafio secular de discernir o que conta como uma vida boa. Não há uma resposta definitiva para essa pergunta, mas há uma perspectiva emergente que contempla a vida contemporânea aliada à sabedoria tradicional. Ela oferece uma medida de percepção, orientação e consolo para os líderes responsáveis hoje.

Surpreendentemente, o mito de Sísifo é um valioso ponto de partida para a busca de orientação. Essa história, que ilustra uma bizarra punição, pode parecer muito distante da vida nas organizações de hoje. Mesmo que os líderes achem, nos piores momentos, que seu trabalho tenha algo de Sísifo, não é bem assim. Não são nem tediosos nem monótonos. Eles trabalham com colegas, não na sombria solidão e, por isso, têm companheirismo e apoio. Apesar das pressões, um mundo com mercados em todos os lugares é um mundo de vastas oportunidades para a iniciativa, criatividade e recompensa. Com as habilidades certas, trabalho duro e um pouco de sorte, os líderes podem atingir suas metas e obter as recompensas que merecem. Em outras palavras, podem manter sua pedra no topo da colina.

O relato de Sísifo, no entanto, tem muitos níveis. Durante séculos, a história tem cativado os pensadores e artistas, que a interpretaram de diversas maneiras. Então, o que ela sugere a respeito de uma resposta contemporânea à última pergunta permanente? A resposta envolve três aspectos básicos da história. Em conjunto, eles sugerem uma conclusão provocativa: os profissionais procuram posições de liderança e levam as responsabilidades a sério *por causa* das dificuldades envolvidas, não apesar delas.

Talvez seja essa a razão fundamental para pensarmos sobre a liderança responsável como uma boa luta. Em outras palavras, a liderança responsável é um desafio que – apesar dos riscos, frustrações e fracassos inevitáveis – exige e merece os melhores esforços de profissionais talentosos, testa sua competência e caráter, traz propósito e intensidade e os ajuda a levar o tipo de vida que realmente valorizam. Os líderes geralmente não cumprem todos os seus compromissos ou atingem todas suas aspirações, e as carreiras podem evoluir de formas que surpreendam, decepcionem ou mesmo os tirem do caminho – porque a nova mão invisível oferece poucas garantias e porque os mercados são indiferentes aos destinos das pessoas –, mas a boa luta parece valer o risco e o custo.

Trabalho árduo, puro e simples

A recombinação pode ser descrita como algo emocionante e divertido, o que, muitas vezes, é verdade nas primeiras fases de inovação empresarial, que envolvem a concepção de um projeto, imaginação das possibilidades e esboço de uma combinação criativa de pessoas e recursos que possam dar certo. Mas a realidade da inovação e criatividade eficaz foi sintetizada em uma famosa declaração feita por uma das mentes mais criativas e práticas do século XX, o inventor Thomas A. Edison: "Lembre-se, nada que seja bom funciona sozinho apenas para agradá-lo. Você tem de fazer funcionar."[6]

A imagem de Sísifo, estirando cada músculo do corpo para mover uma pedra gigante, centímetro por centímetro, é um nítido lembrete da importância crucial da mais pura vontade, determinação e coragem diária de colocar um pé pesado na frente do outro e do trabalho árduo quase infinito, necessário para realizar algo de valor. Em outras palavras, todos os esforços que realmente importam contêm elementos de Sísifo. São atividades que devem ser realizadas repetidas vezes e que têm de atender aos altos, às vezes rigorosos, e sempre crescentes padrões. Essas atividades ocorrem na concepção de um produto, nos aspectos cruciais da prestação de um serviço ou nas melhorias contínuas de ambas as operações.

Um mundo orientado para o mercado dificulta ainda mais essas tarefas. A recombinação criativa em um mundo de intensa pressão por desempenho não é uma questão de juntar blocos de Lego em coloridas e divertidas estruturas. Na verdade, provavelmente é a forma mais exigente de trabalho gerencial, pois é preciso orientar e motivar outras pessoas, muitas das quais pertencem a outras organizações, cada uma com seus próprios patrões, interesses, incertezas e intensas pressões competitivas.

Como Sísifo, os líderes que investem grande parte do tempo, energia e espírito nesses esforços com frequência veem sua pedra rolar morro a baixo, apesar de terem feito de tudo. Os fracassos, grandes e pequenos, fazem parte do pacote. Com sorte, serão fracassos do "Tipo B", que ensinam valiosas lições. As partes envolvidas aprendem com o erro, seus compromissos e direcionamento evoluem, e eles encontram outras maneiras de seguir em frente. A IBM fez isso depois de quase ir à falência, e assim fazem muitos fundadores de empresas que fracassam e vivem para lutar mais um dia. Já os fracassos do "Tipo A" são diferentes, devastadores – como a quebra do Bear Stearns e do Lehman Brothers – e deixam seus líderes e muitos outros em busca de algo que valha a pena salvar em meio às ruínas.

Um mundo orientado para o mercado trata tudo como experimento. Isso também vale, é claro, para as novas tecnologias e novos empreendimentos, mas até mesmo uma empresa de bilhões de dólares que perdura por décadas pode vir a ser um mero experimento para uma tecnologia, estratégia ou tipo de liderança específica. Tudo que pode sobreviver ao fracasso são lições para o próximo grupo de inovadores capitalistas. Após um fracasso, é preciso coragem, determinação e força de vontade para voltar a trabalhar, sonhar alto, readquirir confiança e trazer à tona o que os outros têm de melhor, em vez de se recolher e se proteger. A próxima rodada de trabalho árduo é ainda mais dura porque os profissionais que se comprometem compreendem, por meio da experiência pessoal dolorosa, que ela também pode fracassar e que a pedra pode rolar morro abaixo, apesar de seus esforços.

O exercício das capacidades vitais

O entendimento-padrão é que Sísifo se sentiu condenado e pensou que sua vida era inútil, mas isso também precisa ser repensado. O filósofo francês Albert Camus, ao escrever em meados do século XX, sugeriu que não devemos ser rápidos para julgar o que Sísifo pensava e sentia. Camus conclui um famoso ensaio, "O mito de Sísifo", com estas palavras: "A luta em si em direção às alturas é suficiente para encher o coração de um homem. É preciso imaginar Sísifo feliz."[7]

É uma perspectiva provocadora, talvez profunda, que sugere que, para os líderes e outras pessoas, a luta contra desafios dificílimos não é um fardo, mas parte vital de sua humanidade. Para eles, "travar a boa luta" é um rigoroso e gratificante estilo de vida. Por exemplo, Gary Rogers e um amigo adquiriram uma pequena empresa de fabricação de sorvetes em Oakland, Califórnia, em 1977, e a transformaram em uma empresa nacional do sorvete Dreyer's and Edy's. Ao examinar sua trajetória de carreira, Rogers disse: "A alegria da vida está na luta." Ele então comparou a liderança ao treinamento de uma tripulação em setembro para uma única corrida de barcos a remo que ocorreria em abril, com duração provável de apenas 15 minutos. Ele disse: "Você tem de gostar de verdade desses meses de extenuantes exercícios. Caso contrário, não vai ficar remando para se preparar para aquela corrida, durante aqueles poucos minutos. É uma boa metáfora para a vida – a melhor maneira de alcançar seus objetivos de longo prazo é extrair o máximo de cada dia."[8]

Muito antes de Camus, Aristóteles tinha uma visão similar. "O bem do homem", escreveu ele, "é o exercício ativo das faculdades da alma em conformidade com a excelência ou a virtude".[9] A linguagem é antiquada, mas o conceito básico é atemporal. Quando os líderes persistem em tarefas incertas e difíceis, estão agindo com coragem e exercendo a força intelectual, emocional, moral e física. Para Aristóteles, o exercício dessas faculdades vitais era condição indispensável para viver plenamente e bem. E o apelo da liderança, apesar das exigências e lutas, recai em parte no fato de que ela clama pelos talentos e energia de pessoas fortes e capazes.

Se o propósito da vida fosse a facilidade e conforto, ninguém com um pouco de sensatez assumiria as exigências da liderança. Mas se Aristóteles estiver correto e a melhor vida envolver o uso pleno dos poderes humanos, as exigências da liderança hoje são um estilo de vida difícil, mas que vale a pena. É por isso que os líderes ocasionalmente acreditam que têm o melhor emprego do mundo e, em outros momentos, que estão no limite de suas forças. Não se trata de confusão ou ambivalência, mas apenas de reconhecer que a luta e a realização são os dois lados de uma mesma moeda valiosa.

Esse cenário parece se aplicar a todos os líderes – os que aparecem nas manchetes e que ocupam altos cargos nas organizações e os tranquilos, que passam despercebidos. Demonstrando pouca hesitação, todos esses profissionais colocam de lado a facilidade e o conforto para tornar o mundo um lugar melhor, apesar de esperarem pouca atenção ou recompensa por seu esforço. Embora valorizem o dinheiro e os aplausos, seus motivos são mais amplos e profundos. Eles buscam uma maneira de trabalhar e um estilo de vida que lhes permita prosperar. A busca é muitas vezes inconsciente e instintiva e pode durar anos ou décadas. Mas os líderes costumam ser movidos por um forte sentimento de que a vida certa para eles tem responsabilidades sérias e severas.

Talvez a evidência mais forte para sustentar essa perspectiva seja que, uma vez que muitos líderes tenham triunfado ou fracassado, eles buscam outros difíceis desafios e se sentem frustrados até encontrá-los. Os empreendedores que vendem suas empresas por impressionantes quantias em geral evitam frequentar praias e campos de golfe; em vez disso, fundam outras empresas. Já outros assumem os implacáveis desafios do empreendedorismo social. Para eles, as conquistas de ontem são troféus: itens valiosos, dignos de ocasional admiração, mas que fazem parte do passado e são desprovidos de vida. O sucesso passado lhes agrada, mas os novos desafios – a próxima boa luta – os cativam.

A luta intimida e faz um convite; torna a vida dos líderes mais intensa, os fracassos um pouco menos dolorosos e os sucessos mais gratificantes. Um executivo, que promoveu uma reviravolta em uma empresa francesa de manufatura, apesar de uma longa lista de desafios, incluindo ameaças de violência física, mais tarde disse: "Eu não abriria mão desse trabalho nem por US$1 milhão, mas não o aceitaria novamente nem por US$20 milhões."[10] Em suma, os complexos desafios agregam valor e propósito ao trabalho e à vida dos líderes. Nas palavras do filósofo e psicólogo americano William James: "A necessidade e a luta são elementos que nos estimulam e inspiram."[11]

Tentando chegar ao apogeu

Mesmo que uma boa vida e um bom trabalho dependam, em termos significativos, de enfrentar implacáveis desafios e profundas exigências, é importante manter a luta em perspectiva. Não faz sentido ficar batendo a cabeça contra a parede, e, às vezes, a decisão certa é dar um passo para trás, repensar um compromisso e seguir em frente. Não faz muito sentido ficar procurando lutas – a vida traz decepções, dificuldades e tragédias suficientes para a maioria de nós. Além disso, algumas pessoas lutam porque têm as habilidades erradas ou porque uma tarefa é impossível. Outras lutam para alcançar objetivos frívolos, desagradáveis ou perniciosos.

O propósito de uma luta tem importância fundamental. É por isso que todas as respostas emergentes para as perguntas permanentes abrangem ligações próximas e profundas entre as lutas dos líderes e seus compromissos. O valor da luta, em última análise, depende da sua finalidade. Para Sísifo, no entendimento de Camus, o objetivo era chegar "ao apogeu". Isso dava sentido a seu trabalho árduo e em vão.

Para os líderes em um mundo orientado para o mercado, chegar "ao apogeu" tem dois significados muito diferentes. Um estava implícito nas quatro primeiras perguntas permanentes e nas respostas emergentes. "O apogeu", neste primeiro sentido, se refere às realizações concretas dos líderes e de suas organizações. Isso acontece quando eles compreendem os fundamentos, definem nitidamente sua responsabilização e estabelecem altos padrões, conduzem suas organizações para uma direção bem-sucedida e que leva à expansão e mantêm as empresas concentradas nos valores essenciais. Os exemplos conhecidos de hoje são as grandes histórias de sucesso empreendedor, mas esses conhecidos relatos nos distraem dos inúmeros exemplos do empreendedorismo, criatividade e inovação em pequena escala que permeiam a economia e os setores público e social.

Quanto mais esses líderes lutam, maior a certeza de que realmente estejam fazendo diferença no mundo. Quando Maquiavel escreveu que não há nada mais perigoso que mudar "a ordem das coisas", implicitamente sugeriu que os líderes que não estejam enfrentando rigorosos desafios talvez não estejam fazendo muito, e alguns empreendedores concordam. Em outras palavras, eles sentem que a verdadeira mudança – o tipo que cria o legado que eles desejam – parece e é difícil, e a resistência confirma isso. Os líderes normalmente estabelecem padrões elevados para si mesmos. Quando conseguem atingi-los com facilidade, desconfiam que não estão realmente liderando nada.

Mas "o apogeu" também tem um significado pessoal crucial para responder à última pergunta permanente. Quando os empreendedores descrevem inicialmente seus objetivos, costumam falar sobre as organizações que querem criar, a tecnologia que interessa ou a diferença que desejam fazer em um segmento ou comunidade. Além disso, costumam deixar claro que não são monges e querem ganhar dinheiro. Mas quando refletem mais sobre o assunto, fica evidente que *a forma como* atingem esses objetivos é tão importante quanto os próprios objetivos. O compromisso e a luta desempenham proeminente papel nessas reflexões mais profundas. Em outras palavras, eles não gostariam de usar uma varinha mágica e criar a empresa ideal, gerar lucros, conquistar participação de mercado e operar como um relógio suíço.

Os empreendedores costumam dizer que seus melhores anos foram os de trabalho árduo para construir seus negócios, quando buscavam os próprios apogeus pessoais e se tornavam o tipo de pessoa a qual aspiravam ser. Eles simultaneamente criavam as organizações e a si mesmos. Um empreendedor, por exemplo, disse que o que ele mais valorizava era "traçar o próprio caminho na vida". Outro disse que a construção de seu negócio o fazia se sentir como um atleta de decatlo, porque estava se desenvolvendo e usando uma ampla gama de habilidades – do que sentia falta na pós-graduação, quando passou vários anos em pesquisas altamente especializadas sobre Ciências Humanas. Outro disse que acreditava que ele e muitos outros empreendedores gostavam de lutar e de vencer o "*status quo*". Outro disse que queria ser o centroavante que roubava a bola no campo de futebol quando o jogo precisa ser decidido.[12]

Em suma, assumir os árduos desafios ajuda os profissionais a entender quem realmente são, os valores e sonhos pelos quais estão dispostos a fazer sacrifícios, suas verdadeiras habilidades e talentos, o trabalho que devem realizar e as opções mutuamente excludentes que estão ou não dispostos a fazer. Apesar de seus muitos sucessos, Steve Jobs ponderou certa vez: "Há muitos momentos repletos de desespero e agonia, quando você tem de demitir pessoas, cancelar projetos e lidar com situações dificílimas. É quando você descobre quem você é e quais são seus valores."[13]

Os líderes que trabalham em grandes organizações, muitas vezes, se sentem da mesma maneira. Um ex-executivo disse que acreditava que grande parte das atividades de fusão e aquisição ocorria somente porque os CEOs não estavam mais administrando a operação eles mesmos, como faziam no início da carreira, mas gerenciando outras pessoas que tinham o desafio prático e a satisfação de administrar negócios, divisões e grandes operações. Ele achava, com isso, que alguns CEOs começaram a comprar e vender partes do negócio para terem a sensação de que realmente faziam algo.

Se os líderes são empreendedores ou não, os desafios da liderança permitem que eles alcancem os próprios apogeus. O modo como enfrentam esses desafios diz algo importante – para o mundo e para eles mesmos – sobre o tipo de pessoas que são. Eles se orgulham de ser confiantes, otimistas e determinados, capazes de executar e implementar novidades, principalmente quando os outros pensam ser uma tarefa muito difícil. Gary Rogers, fundador do Dreyer's Grand Ice Cream, disse que seu credo pessoal ao longo da vida foi: "Não existe essa história de 'não posso fazer', apenas 'não vou fazer'."[14]

Esse espírito é a razão pela qual muitos empreendedores continuam tentando iniciar um negócio, mesmo depois de outros empreendimentos terem fracassado, e por que os líderes em organizações de todos os tipos perseveram, estabelecem metas ambiciosas e até mesmo sonham, apesar de sérios reveses. Eles se veem, consciente ou inconscientemente, como o tipo de pessoa que progride, especialmente diante da adversidade. E não querem apenas *se ver* dessa forma – querem *ser* assim.

Observe que "o apogeu", definido em termos pessoais, tem pouco a ver com ficar rico. Como quase todas as pessoas, os empreendedores preferem o sucesso e desfrutam de suas recompensas. Mas os motivos para assumir dificílimas e incertas lutas são muito mais profundos e estão entrelaçados com a forma como eles querem viver, como veem a si mesmos e o que desejam se tornar.

Como Aristóteles sugeriu, o fascínio pela luta pode ser parte da natureza humana. Pode até ser genético: presumivelmente, os primeiros seres humanos e pré-humanos que não se dispunham a lutar morriam mais rápido, em áridas savanas e perigosas selvas, e não transmitiam seu DNA. A visão de Aristóteles, no entanto, era muito mais abrangente que a teoria da evolução. Para ele, a luta e a coragem de lutar eram o alicerce de uma vida bem vivida, independentemente de uma pessoa ser um líder ou não.

Os extenuantes desafios ajudam os líderes a compreender quem eles são e a se tornar quem esperam ser. Os compromissos sérios e as consequentes lutas ajudam os profissionais a desenvolver paciência, coragem, determinação e confiança. Além disso, podem levar a uma vida com mais transparência, consciência e intensidade. Henry David Thoreau percebeu isso quando viveu em uma cabana isolada durante dois invernos na Nova Inglaterra. Mais tarde, escreveu: "Fui para a floresta porque queria viver deliberadamente, deparar apenas com os fatos essenciais da vida e ver se eu conseguiria aprender o que ela teria a me ensinar, em vez de descobrir, na hora da morte, que eu não tinha vivido. Eu não queria viver o que não era vida, já que viver é tão precioso."[15]

O peso da liberdade

O tema central deste livro pode ser resumido em duas frases curtas: a liderança responsável é compromisso, e o compromisso é luta. A primeira afirmação pode parecer verdadeira, apesar de óbvia, mas o compromisso é muito mais que uma pitada de retórica vaga e inspirada. É uma ideia complexa e multifacetada, com implicações decisivas e práticas para os líderes de hoje, e as respostas emergentes para as perguntas permanentes mostram isso.

A segunda afirmação pode parecer errada para aqueles que pensam sobre a liderança em termos de confiança, otimismo, esperança e inspiração. Essa visão é, na melhor das hipóteses, um quadro incompleto dos maiores desafios e do trabalho diário da liderança responsável. É claro que os líderes têm momentos de euforia e períodos de calmaria, mas, no mundo emocionante, turbulento e perigoso da nova mão invisível, esses momentos podem ser pouco frequentes e fugazes, e geralmente são conquistados a duras penas, por muito esforço e luta.

Uma economia de mercado nos liberta para escolher e nos comprometer de formas que as antigas hierarquias estáveis não permitiam. O homem da organização podia esperar subir em uma escada rolante corporativa e – com trabalho árduo, os mentores certos, política inteligente e sorte – alçar voos cada vez mais altos. Mas a liberdade de hoje é também um fardo. Um mundo fluido com uma profusão de oportunidades pode fazer os líderes se sentirem por conta própria, lidando com a impiedosa concorrência e a mudança quase incessante – preço elevado para as diversas oportunidades relacionadas com a criatividade, invenção, empreendedorismo e autodeterminação.

Nesse mundo, as perguntas permanentes sobre a liderança responsável são especialmente valiosas e lançam uma brilhante luz sobre os desafios básicos enfrentados pelos líderes responsáveis: apreender os fundamentos, definir sua responsabilização, tomar as decisões críticas certas, tornar reais e efetivos alguns valores cruciais em uma organização e encontrar propósito, orientação e consolo para o que muitas vezes é uma longa e difícil jornada. Cada uma das perguntas permanentes aponta para uma rigorosa luta. Nenhuma chega a ser respondida, de forma cabal, por um líder individual ou uma sociedade. Mas a reflexão sobre essas questões pode ajudar os líderes a aumentar as chances de trabalhar com sucesso e de forma responsável no mundo recombinante, estimulante, incerto e orientado para o mercado em que estamos inseridos.

HISTÓRICO DA PESQUISA

O objetivo básico deste projeto foi aprender sobre a liderança responsável em um mundo turbulento, orientado para o mercado, por meio do estudo feito com empreendedores. Para tanto, analisei suas experiências e reflexões a partir de três perspectivas diferentes.

Em primeiro lugar, li e analisei 75 estudos de caso sobre empreendedores para me familiarizar com toda a gama de questões que envolvem a liderança e responsabilidade que eles enfrentaram. Esses casos geralmente descrevem pessoas que haviam criado e liderado novas organizações durante a década de 2000, mais ou menos. Procurei incluir empreendedores de várias empresas, origem e segmentos. Durante o processo, também fiz uma reflexão sobre minha experiência pessoal com empreendedores, que consistiu em vários estudos de caso que eu havia escrito sobre novos empreendimentos e pequenas empresas, além de minha atuação durante vários anos nos conselhos de duas startups.

Em segundo lugar, li e analisei as experiências de outros 50 empreendedores cujos esforços foram descritos em livros de credibilidade. Alguns trabalharam nas últimas décadas, outros, há século ou mais.

Algumas empresas, como a General Motors, U.S. Steel e FedEx, são mais conhecidas como gigantes, mas, inicialmente, todas foram pequenos e frágeis empreendimentos, cujos fundadores e primeiros líderes geralmente enfrentaram ambientes altamente incertos, complexos e perigosos.

Entre os estudos históricos que consultei, estes foram os mais valiosos:

A'Lelia Bundles. *On Her Own Ground: The Life and Times of Madam C. J. Walker* (Nova York: Scribner, 2001).

Alfred P. Sloan, Jr. *My Years with General Motors*, ed. John McDonald, with Catharine Stevens (Garden City, NY: Doubleday, 1964).

Charles W. Cheape. *Family Firm to Modern Multinational: Norton Company, a New England Enterprise* (Cambridge, MA: Harvard University Press, 1985).

Dan Briody. *The Halliburton Agenda: The Politics of Oil and Money* (Hoboken, NJ: Wiley, 2004).

Harald van B. Cleveland e Thomas F. Huertas. *Citibank, 1812–1970* (Cambridge, MA: Harvard University Press, 1985).

Lisa Chaney. *Coco Chanel: An Intimate Life* (Nova York: Viking, 2011).

Henry Ford. *My Life and Work* (Garden City, NY: Doubleday, p. 1.922).

Joseph Wall. *Andrew Carnegie* (Nova York: Oxford University Press, 1970).

Masaaki Sato. *The Toyota Leaders: An Executive Guide* (Nova York: Vertical, 2008).

Niel Dahlstrom e Jeremy Dahlstrom. *The John Deere Story: A Biography of Plowmakers John and Charles Deere* (DeKalb: Northern Illinois University Press, 2005).

Peter Chapman. *Bananas: How the United Fruit Company Shaped the World* (Edinburgh, UK: Canongate, 2009).

Ron Chernow. *Titan: The Life of John D. Rockefeller, Sr.* (Nova York: Random House, 1998).

Roger Frock. *Changing How the World Does Business: FedEx's Incredible Journey to Success* (San Francisco: Berrett-Koehler, 2006).

T.J. Stiles. *The First Tycoon: The Epic Life of Cornelius Vanderbilt* (Nova York: Alfred A. Knopf, 2009).

A terceira fase da minha pesquisa foi incomum e extremamente valiosa. Inicialmente, eu havia previsto entrevistar um número significativo de empreendedores, para complementar as informações dos casos e livros que eu estava estudando. Foi o que acabei fazendo, mas direcionei as entrevistas de forma particular.

Durante várias décadas, a Harvard Business School vem adotando o compromisso com o estudo e ensino do empreendedorismo, e mais de 30 membros da faculdade agora ministram dezenas de cursos sobre o assunto. Percebi que outra maneira de obter informações sobre as perguntas que eu estava estudando seria entrevistar meus colegas na Entrepreneurship Unit e um bom número de empreendedores em treinamento que tinham sido cuidadosamente recrutados pela instituição. Essas entrevistas forneceram uma perspectiva extremamente ampla e profunda sobre o empreendedorismo em geral e sobre as questões de luta, compromisso e coragem gerencial.

Os membros do corpo docente e os empreendedores foram – em muitos casos, por décadas – fundadores de uma ou mais organizações, diretores de muitas startups e pequenas empresas, investidores ou gerentes de empresas de capital de risco ou outros investimentos. Além disso, meus colegas estudaram, escreveram estudos de caso, deram palestras e publicaram artigos práticos e acadêmicos sobre empreendedorismo durante a maior parte de suas carreiras. Sua experiência acumulada refletia esse prolongado trabalho com centenas, talvez milhares, de empreendedores e pequenas novas empresas, em uma ampla gama de segmentos e países, ao longo de muitas décadas.

Em minhas entrevistas com os empreendedores em treinamento, o foco inicial foi a empresa fundada pelo empreendedor, mas logo passamos para os temas básicos deste livro – compromisso, luta e momentos de coragem. Isso significa que boa parte do tempo foi gasto com os períodos difíceis e as situações aparentemente perdidas, não com momentos de triunfo, camaradagem e criatividade.

Os nomes dos colegas e empreendedores que entrevistei estão nos agradecimentos, com exceção de alguns que me pediram para manter as entrevistas em sigilo, normalmente porque o relato tratava de decisões pessoais difíceis e do fracasso da empresa.

Em suma, esta terceira perspectiva sobre empreendedorismo me permitiu tirar proveito de um riquíssimo arcabouço de experiências, conhecimento, discernimento e reflexão sobre o trabalho e os desafios enfrentados por profissionais que fundam e administram novas empresas. Tive condições de ir muito além do que estava aprendendo a partir de estudos de casos e livros sobre empreendedores, bem como de estratégias convencionais de entrevistas, que geralmente têm estreito foco sobre as experiências de uma única pessoa e uma organização em particular.

A experiência foi particularmente valiosa, por conta do tipo de livro que eu pretendia escrever. Estou longe de ser um especialista em empreendedorismo, e poucos anos de estudo em tempo parcial não iriam me trazer essa qualificação. Meu objetivo era escrever um ensaio, em vez de fornecer resultados definitivos baseados em pesquisas. Este livro pretende sugerir novas perspectivas, estimular, provocar e oferecer orientações práticas com cautela. O diálogo prolongado com colegas e empreendedores com ampla experiência só fez contribuir imensamente para este projeto.

NOTAS

CAPÍTULO 1

1. Dag Hammarskjöld, *Markings* (Nova York: Alfred A. Knopf, 1964). Para uma breve discussão dos pontos de vista de Hammarskjöld sobre responsabilidade, consulte *Gustaf Aalen Dag Hammarskjöld's White Book* (Filadélfia: Fortress Press, 1969), 104-112.

2. Para uma provocativa crítica da influência social dos mercados e do pensamento com base no mercado, ver Michael J. Sandel, *What Money Can't Buy* (Nova York: Farrar, Straus and Giroux, 2011).

3. A versão original em alemão é "Erst kommt das Fressen, dann kommt die Moral". Essa frase é traduzida como "O rango primeiro, então a ética"; "Primeiro vem o estômago cheio, em seguida, a ética"; "A comida vem em primeiro lugar, a moralidade em segundo"; e "Primeiro vem a alimentação, depois a moralidade". Veja Bertolt Brecht, *A ópera dos três vinténs*, ato 2, cena 6.

4. Roger Frock, *Changing How the World Does Business* (San Francisco: Berrett-Koehler, 2006), ix.

5. As opiniões de Schumpeter sobre que tipo de empresa adota a recombinação e a "destruição criativa" são difíceis de definir, porque, ao longo de várias décadas e de vários livros, ele argumentou que pequenas empresas empreendedoras desempenhavam esse papel e que as imensas organizações, que poderiam financiar projetos caros de pesquisa e desenvolvimento e adotar uma perspectiva de longo prazo, eram os verdadeiros motores da inovação. Ver Richard Langlois, *The Dynamics of Industrial Capitalism* (Londres: Routledge, 2007), 17–18.

6. Enquanto o empreendedorismo recebeu uma boa dose de atenção na imprensa e no mundo acadêmico nas últimas décadas, a era mais recente de empresas empreendedoras apoiadas por capital de risco teve início em meados do século XX, com a criação das primeiras empresas de capital de risco. Mas elas precisaram de décadas para se tornar uma força financeira significativa, o que reflete, em parte, quão profundamente arraigadas e poderosas as formas estabelecidas de fazer negócio tinham se tornado. Ver Spencer Ante, *Creative Capital: George Doriot e the Birth of Venture Capital* (Boston: Harvard Business School Press, 2008).

CAPÍTULO 2

1. Arthur C. Clarke, *Profiles of the Future; an Inquiry into the Limits of the Possible* (Nova York: Harper & Row, 1973).
2. Tarun Khanna, *Bilhões de empreendedores*. Rio de Janeiro: Elsevier, 2009.
3. Consulte "17 Who Fell Off the List", *Fortune*, 10 de dezembro de 2007, 133. Para examinar a rotatividade de CEOs durante décadas anteriores, ver Mark Hudson, Robert Parrino e Laura Starks, "Internal Monitoring Mechanisms and CEO Turnover: A Long-Term Perspective", *Journal of Finance* 56 (2001): 2265-2297. Para as duas últimas décadas, ver Steven Kaplan e Bernadette Minton, "How Has CEO Turnover Changed?", Working paper NBER 12465, National Bureau of Economic Research, Cambridge, MA, agosto de 2008.
4. Commission of the European Communities, *Green Paper: Entrepreneurship in Europe* 9 (2003), em http://eur-lex.europa.eu/ LexUriServ/site/en/com/2003/com2003_0027en01.pdf. Embora precisas, declarações como essa são apenas vislumbres parciais das complexas mudanças em curso nas economias desenvolvidas e as dificuldades de resumi-las em um único índice. Ver Dane Stangler e Sam Arbesman, "What Does Fortune 500 Turnover Mean?" (Kansas City, MO: Ewing Marion Kauffman Foundation, 2012).
5. Justin Lahart, "U.S. Firms Build Up Record Cash Piles", *The Wall Street Journal*, 10 de junho de 2010.
6. Nicholas Varchaver, "What Warren Thinks", *Fortune*, 14 de abril de 2008.
7. Um panorama perspicaz e crítico das técnicas para o pensamento estratégico é dado por Walter Kiechel, *Os mestres da estratégia*. Rio de Janeiro: Elsevier, 2011.
8. Richard J. Connors, *Warren Buffett on Business: Principles from the Sage of Omaha* (Hoboken, NJ: John Wiley & Sons, 2010), 143.
9. William Shakespeare, *Júlio César*, ato 4, cena 3, linhas 218-224.
10. Alfred D. Chandler, *The Visible Hand: The Managerial Revolution in American Business* (Cambridge, MA: Belknap Press of Harvard University Press,

1993). As hierarquias gigantes desenvolveram e controlaram tecnologias críticas. Na verdade, hierarquias organizacionais eram uma tecnologia crítica, embora "leves". A capacidade de medir, monitorar e controlar o desempenho dos gerentes, bem como as máquinas e fábricas pelas quais eram responsáveis, era tão importante para o crescimento econômico como as tecnologias "mais pesadas", de motores, química moderna e eletrônica. Fazia parte de uma tendência mais ampla na sociedade, que Max Weber, o renomado sociólogo, chamava de "racionalidade burocrática", a imposição de sistemas de controle e regras lógicas em várias esferas da atividade humana. O deslocamento das relações tradicionais, com base na história, comunidade e parentesco, por sistemas propositais, racionais e eficientes foi um importante tema na obra de Weber. Ver, por exemplo, Max Weber, *General Economic History* (Mineola, NY: Dover Publications, 2003).

11. Veja, por exemplo, Max Weber e Talcott Parsons, *The Theory of Social and Economic Organization* (Nova York: Free Press, 1997), 340.

12. A ambivalência sobre essas unidades econômicas extraordinariamente poderosas e produtivas foi descrita em detalhes no clássico livro, publicado no momento em que seu poder talvez tivesse atingido o ápice. Veja John Kenneth Galbraith, *The New Industrial State* (Boston: Houghton Mifflin, 1967). Galbraith foi um renomado economista e intelectual de Harvard, que argumentou que as grandes corporações, a despeito das circunstâncias, eram o protótipo do futuro.

13. Uma visão geral conceitual desta perspectiva e do debate em curso sobre os mercados e as organizações hoje está na obra de Richard N. Langlois, "The Dynamics of Industrial Capitalism", in: J. Stanley Metcalfe, *Evolutionary Economics and Creative Destruction* (Londres: Routledge, 1998).

14. Há extensa literatura sobre a modularidade em uma variedade de campos, incluindo Ciência da Computação, Matemática, Neurociência Cognitiva, Ecologia, Biologia e Arquitetura. Relatos básicos da modularidade se dedicam à evolução ou criação de módulos e, além disso, à criação de interfaces e padrões que permitam que os módulos sejam interligados. Um tratamento teórico da modularidade, a partir da perspectiva da economia e design industrial, é dado por Carliss Baldwin e Kim Clark, *Design Rules* (Cambridge, MA: MIT Press, 2000).

15. Jena McGregor, "GE's Immelt: An Even Hotter Throne", *BusinessWeek*, 16 de julho de 2008, 36.

16. O comentário foi feito em um seminário na Harvard Business School em março de 2006. Em termos mais amplos, uma visão comum é que a inovação é principalmente a criação de novas ideias ou a invenção de produtos ou serviços sem precedentes, e que a recombinação é uma forma muito mais fácil e basicamente inferior da inovação. Mas a recente tendência em estudos sobre inovação sugere o contrário. Por um lado, a recombinação de tecnologias, capacidades ou

serviços complexos requer habilidade e talento. Por outro, a maioria das inovações talvez possa consistir em recombinação criativa. Na verdade, há razões filosóficas mais profundas para concluir que *toda* inovação é o resultado inevitável de "mesclagem conceitual", que pode, naturalmente, ser interpretada como forma de recombinação. Ver Mark Turner e Gilles Fauconnier, "Conceptual Integration and Formal Expression", *Metaphor and Symbolic Activity* 10, n. 3 (1995): 183-204.

17. Uma documentação inicial e estendida deste fenômeno foi feita por Arlie Hochschild, *The Time Bind* (Nova York: Holt Paperbacks, 2001).

18. Há uma considerável controvérsia sobre se as pessoas hoje têm mais carreiras que seus antecessores, e a resposta recai, em parte, na definição de "carreira" e "emprego". Para uma visão geral, ver Carl Bialik, "Seven Careers in a Lifetime? Think Twice, Researchers Say", *The Wall Street Journal*, 4 de setembro de 2010. Para dados estatísticos básicos, consulte a National Longitudinal Survey, Bureau of Labor Statistics, http://www.bls.gov/nls/home.htm.

19. O primeiro uso do termo parece ter sido feito por Barbara Kantrowitz, "In Search of the Sacred", *Newsweek*, novembro de 1994, 52–62.

20. Um dos principais teóricos da Al Qaeda, Abu Musab al-Suri, escreveu: "Os *Jihadis* devem evitar a criação de estruturas hierárquicas, vulneráveis a ataques pelas forças de segurança locais ou americanas, e passar para um sistema descentralizado de pessoas ou pequenas células locais ligadas apenas pela ideologia." *The Economist*, 1º de novembro de 2007.

21. Alguns analistas veem essas forças sob uma perspectiva ambiental. Veja, por exemplo, Paul Gilding, *The Great Disruption* (Nova York: Bloomsbury Press, 2011). Outros se concentram em tecnologia da informação, como John Hagel e John Seely Brown, *The Power of Pull* (Nova York: Basic Books, 2010). Outros autores que escreveram sobre transições socioeconômicas: Tyler Cowen, *The Great Stagflation* (Nova York: Dutton Adulto, 2011). E sobre amplas mudanças culturais e intelectuais: Daniel T. Rogers, *Age of Fracture* (Cambridge, MA: Belknap Press of Harvard University Press, 2011). A visão geral da vida contemporânea de Rogers é: "Tanto a direita quanto a esquerda intelectuais, noções anteriores da história e da sociedade que salientavam a solidez, instituições coletivas e circunstâncias sociais deram lugar a uma natureza humana mais individualizada, que enfatizava a escolha, agência, desempenho, desejo... As estruturas de poder passaram a parecer menos importantes que a escolha dos mercados e os 'eus' fluidos."

22. O Japão é um exemplo importante para o alcance e o poder dessas forças. Durante décadas, foi um brilhante sucesso econômico, mas as forças do mercado foram controladas e guiadas por agências do governo, política industrial e redes tradicionais de relações entre os bancos, empresas industriais e fornecedores.

Agora, há muitos sinais de que essas relações estejam ruindo e de que seus substitutos sejam as relações de mercado. Veja Stephen Vogel, *Japan Remodeled: How Government and Industry Are Reforming Japanese Capitalism* (Ithaca, NY: Cornell University Press, 2006).

23. Uma pesquisa recente constatou que apenas 15% das empresas nos Estados Unidos e no Japão acreditam ter pessoal qualificado suficiente para preencher posições-chave. O número europeu era de 30%. Veja Claudio Fernandez-Araoz, Boris Groysberg e Nitin Nohria, "How to Hang On to Your High Potentials", *Harvard Business Review*, outubro de 2011, 76.

24. Por exemplo, postagens em sites de mídia social podem ser usadas para sinalizar a disponibilidade no mercado de trabalho sem alertar os próprios empregadores. Como dizem: "Estamos sempre à procura do próximo emprego, mesmo que o atual seja bom. Você não sabe que proposta pode receber. Só precisa ter cuidado em como fazer isso." Veja Mikolaj Jan Piskorski, Harvard Business School, "Networks as Covers: Evidence from an On-line Social Network", trabalho não publicado. Conforme as experiências se tornam mais variadas, os profissionais muitas vezes ficam ainda mais atrativos para futuros empregadores. Veja Ali McConnon e Jessica Silver-Greenberg, "Meet the New Recruits: They Want to Eat Your Lunch", *Business Week*, 15 de maio de 2008. Este artigo cita um executivo sênior de uma importante empresa de investimento, que diz: "Se você se especializar muito cedo, há um risco de ser menos inovador porque terá menos elementos para combinar de maneiras inovadoras."

25. O valor desta informação é indicado pelos esforços da empresa para bloquear sua divulgação. Veja, por exemplo, Josh Gerstein, "Under the Radar", *Politico*, 9 de fevereiro de 2011.

26. Veja Andrew Morse, "IDEC-Biogen Feels Like Big Pharma", *The Daily Deal*, 25 de junho de 2003.

27. Dan Briody, *The Halliburton Agenda* (Nova York: Wiley, 2005), 71.

28. A sofisticação das estratégias políticas corporativas é notável e enervante. Por exemplo, um estudo descobriu que as empresas com atividades extensivas de terceirização modificavam as provisões contábeis para limitar a investigação de agentes competentes em anos eleitorais. Veja Karthik Ramana e Sugata Roychowdhury, "Elections and Discretionary Accruals: Evidence from 2004", *Journal of Accounting Research* 48, n. 2 (maio de 2010): 445-475. O poder dessas estratégias também é impressionante. Em 2008, por exemplo, o American Petroleum Institute iniciou uma campanha de relações públicas, que pode ter custado cerca de US$100 milhões, para convencer os americanos de que o aumento dos preços do petróleo bruto, não o recorde no lucro das companhias de petróleo, foi responsável pelos recentes aumentos no custo de energia. A campanha se destinava a combater a opinião, disseminada pelos críticos da indústria, de que as grandes

companhias de petróleo não mereciam os benefícios fiscais que tinham e que, como um membro do Congresso colocou, o "big oil" era um "epíteto de uma palavra só". Veja Jeffrey Binbaum, "Oil Lobby Reaches Out to Citizens Peeved at the Pump", *BusinessWeek*, 9 de maio de 2008.

29. Para uma explicação mais detalhada, veja Alison Gropnik, Andrew Meltzoff e Patricia Kuhl, *In the Crib: What Early Learning Tells Us about the Mind* (Nova York: HarperCollins, 2001), 85ff.

30. Ao fazê-lo, as empresas e outras organizações estão, por vezes, exercendo o poder em formas sofisticadas, sutis, mas poderosas. O sociólogo Steven Lukes fez o que hoje é uma clássica distinção entre as três dimensões do poder. As duas primeiras – influenciar decisões específicas e instituições para a tomada de decisão – são familiares e usadas por empresas e outras organizações que concorrem no mercado em busca da influência do governo. O terceiro nível envolve a definição de normas e valores que não podem ser considerados de forma consciente, mas servem como permanentes filtros sobre o que as pessoas observam e como elas fazem juízos de valor. Veja Steven Lukes, *Power: A Radical View* (Nova York: Palgrave Macmillan, 2004).

31. "An Evening with Legendary Venture Capitalist Arthur Rock in Conversation with John Markoff", Computer History Museum, 10 de maio de 2012, 16, http://archive.computerhistory.org/resources/access/text/2012/05/102658253-05-01-acc.pdf.

32. Friedrich Nietzsche, *Human, All Too Human: A Book for Free Spirits*, trans. Alexander Harvey (Chicago: Charles H. Kerr, 1908), 71–72.

33. Jeff Bussgang, sócio geral, Flybridge Capital Associates, entrevistado pelo autor, 1º abril de 2011.

34. James Sharpe, ex-CEO, Extrusion Technologies, entrevistado pelo autor, 19 de abril de 2011.

35. Professor William Sahlman, Harvard Business School, entrevistado pelo autor, 11 de maio de 2001.

36. Howard Stevenson, entrevistado pelo autor, 3 de maio de 2011.

37. Oliver Wendell Holmes e Richard A. Posner, *The Essential Holmes: Selections from the Letters, Speeches, Judicial Opinions, and Other Writings of Oliver Wendell Holmes, Jr.* (Chicago: University of Chicago, 1996), 82.

CAPÍTULO 3

1. Arthur O. Lovejoy, *The Great Chain of Being: A Study of the History of an Idea* (Cambridge, MA: Harvard University Press, 1966).

2. A declaração no início desta edição foi de E. Merrick Dodd, Jr., "For Whom Are Corporate Managers Trustees?" Harvard Law Review 45, n. 7 (maio

de 1932). A declaração mais conhecida sobre a opinião do acionista é de Milton Friedman, "The Social Responsibility of Business Is to Increase Its Profits", *The New York Times*, 13 de setembro de 1970. A elaboração dessas ideias básicas, tanto conceitualmente quanto praticamente, apareceu seis anos depois: Michael C. Jensen e William H. Meckling, "Theory of the Firm: Managerial Behavior, Agency Costs and Ownership Structure", *Journal of Financial Economics* 3, n. 4 (outubro de 1976): 305-360. Há muitas versões sobre a opinião dos stakeholders. A declaração moderna e abrangente é de R. Edward Freeman, *Strategic Management: A Stakeholder Approach* (Cambridge: Cambridge University Press, 2010). Outra versão sobre a opinião dos stakeholders, com ênfase em economias fundamentadas no conhecimento, é Charles Handy, "What's a Business For?" *Harvard Business Review*, novembro/dezembro de 2002. O debate ficou mais complexo por causa dos estudiosos que defendem a primazia de outros stakeholders, como clientes. Veja, por exemplo, Roger Martin, "The Age of Customer Capitalism", *Harvard Business Review*, janeiro/fevereiro de 2010. Um tratamento histórico sobre esses temas, que argumenta que cada lado do debate oscila como resultado de diferentes acontecimentos sociais, econômicos e políticos, é William T. Allen, "Our Schizophrenic Conception of the Business Corporation", *Cardozo Law Review* 14 (1992): 261.

3. Comunicação pessoal no simpósio Harvard Business School sobre governança, novembro de 2004.

4. Comunicação pessoal ao autor, março de 2006.

5. Veja, por exemplo, Lucian A. Bebchuk e Yaniv Grinstein, "The Growth of Executive Pay", *Oxford Review of Economic Policy* 21, n. 2 (2005): 283-303. Os autores analisam amostras extensas de empresas americanas entre 1993 e 2003 e constataram que o pagamento dos cinco principais executivos aumentou muito mais rapidamente que as mudanças no tamanho da empresa ou sua classificação no segmento explicariam. Sua conclusão foi que uma mistura difícil de especificar entre as forças de mercado e o poder gerencial explica esse acontecimento. A bibliografia e notas de rodapé no artigo fornecem uma visão ampla do debate acadêmico sobre a remuneração dos executivos e suas forças motrizes.

6. Críticas pesadas, muitas vezes severas, sobre a governança do conselho são fáceis de encontrar, e muitas se originam de profissionais do ramo que atuaram em muitos conselhos corporativos. Veja, por exemplo, William Bowen, *The Board Book* (Nova York: W. W. Norton, 2008), 179. Bowen, ex-presidente da Princeton University e ex-membro do Conselho da American Express, Merck e de várias outras organizações públicas e privadas, comentou recentemente que "os conselhos precisam ser menos passivos", meta de melhoria que sugere que a prática predominante é medíocre, quase uma década após as reformas da Lei Sarbanes-Oxley.

7. *The Economist*, dificilmente uma publicação inimiga do capitalismo ou das corporações, relatou: "A Securities and Exchange Commission propôs recentemente uma pequena mudança na regra para que os acionistas nomeassem com mais facilidade candidatos para a eleição dos conselhos de administração. Os lobistas que representam os principais chefes dos Estados Unidos enterraram a proposta, com facilidade e sem a menor cerimônia. Não procure mais para ver onde ainda reside o verdadeiro poder na América corporativa." Veja "Bossing the Bosses", *The Economist*, 7 de abril de 2005. Mesmo quando os acionistas ativistas conseguiam obter um voto a favor, o resultado – apoio para cargos apoiados pelo CEO – é geralmente esmagador e predeterminado, como as eleições na antiga Alemanha Oriental. Somente crises agudas levam a mudanças de CEOs e membros do conselho. Quando chega este momento, as empresas já foram grave ou irreparavelmente danificadas. Um estudo sobre os votos dos acionistas, de Michael Jensen, pesquisador altamente respeitado e antigo defensor do capitalismo de livre mercado, o levou a concluir: "Nas empresas americanas, o CEO não tem chefe. Ele mesmo é o chefe, a menos ou até que haja uma crise externa que ameace a reputação de pessoas do conselho. Aí o poder muda de mãos, os conselheiros se tornam os chefes, e você vê as pessoas sendo demitidas. A essa altura, há muito valor destruído, que não pode ser recuperado." Michael Jensen, *Journal of Applied Corporate Finance* 20, n. 1 (2008): 29.

8. Um detalhado relato da filosofia, liderança e operações da empresa é apresentado em Sandra Sucher, Daniela Beyersdorfer e Ane Damgaard Jensen, "Generation Investment Management", caso 9-609-057 (Boston: Harvard Business School, 2012).

9. Veja V. Kasturi Rangan, "The Aravind Eye Hospital in Madurai, India: In Service for Sight", caso 9-593-098 (Boston: Harvard Business School, 1993), 1.

10. Veja Heerad Sabeti, "The For-Benefit Enterprise", *Harvard Business Review*, novembro de 2011. Veja também "Firms with Benefits", *The Economist*, 7 de janeiro de 2012.

11. David Bornstein, "The Rise of the Social Entrepreneur", *The New York Times*, 13 de novembro de 2012, 20.

12. Esta abordagem para a responsabilidade corporativa tem sido chamada de "criação de valor compartilhado". Uma clara e contundente elaboração desta abordagem é apresentada em Michael E. Porter e Mark R. Kramer, "Strategy and Society: The Link between Competitive Advantage and Corporate Social Responsibility", *Harvard Business Review*, dezembro de 2006.

13. Walter Isaacson, *Steve Jobs* (Nova York: Simon & Schuster, 2011), 535.

14. Para um tratamento profundo e contemporâneo desta perspectiva moral sobre a ética das pessoas com foco em filosofia, não nas corporações, veja

Richard Kraut, *What Is Good and Why: The Ethics of Well-Being* (Cambridge, MA: Harvard University Press, 2009).

15. David Lilienthal, *Management: A Humanist Art* (Nova York: Columbia University Press, 1967), 18.

CAPÍTULO 4

1. A declaração completa de Drucker foi: "Se os objetivos forem apenas boas intenções, serão inúteis. Eles devem ser transformados em trabalho." Peter F. Drucker, *Management: Tasks, Responsibilities, Practices*, edição revista (Nova York: HarperCollins, 2008), 127.

2. Napoleão Bonaparte, *Cartas de Napoleão a Josephine, 1796-1812* (Nova York: EP Dutton, 1901), 207.

3. Ron Chernow, *Titan: The Life of John D. Rockefeller, Sr.* (Nova York: Vintage, 2004), 102.

4. Andrew S. Grove, *Only the Paranoid Survive: How to Exploit the Crisis Points That Challenge Every Company* (Nova York: Crown Business, 1999).

5. Morten Hansen, "Three Leadership Skills That Count", HBR Blog Network, 20 de outubro de 2011, http://blogs.hbr.org/cs/2011/10/three_leadership_skills_that_c.html.

6. Noam Wasserman, *The Founder's Dilemmas* (Princeton, NJ: Princeton University Press, 2012), 58.

7. Gary Mueller, CEO da Institutional Investor e fundador do ISI Emerging Markets, entrevistado pelo autor, 11 de março de 2011.

8. Michael C. Jensen e William H. Meckling, "The Theory of the Firm: Managerial Behavior, Agency Costs, and Ownership Structure", *Journal of Financial Economics* 3, n. 4 (outubro de 1976): 305-360.

9. Um cuidadoso e profundo estudo de empresários feito por Saras Sarasvathy, da University of Virginia, concluiu que os empresários se baseiam bastante no "raciocínio eficaz". Em vez de começar com um conjunto preciso de objetivos, eles usam seus pontos fortes como base e, em seguida, respondem de forma flexível e criativa a oportunidades. Veja Leigh Buchanan, "How Great Entrepreneurs Think", *Inc.*, 1 de fevereiro de 2011.

10. Carl von Clausewitz, *On War*. F. N. Maude (ed.) (Radford, VA: Wilder Publications, 2008), 61.

11. A professora Amy Edmondson, da Harvard Business School, tem escrito extensivamente sobre essa perspectiva e sobre aspectos mais amplos da aprendizagem organizacional. Em 2008, ela escreveu: "Nem mesmo a impecável execução pode garantir o duradouro sucesso na economia do conhecimento. O fluxo de novos conhecimentos na maioria dos campos cria condições para que as

pessoas fiquem para trás. Considere a General Motors, a maior e mais rentável empresa do mundo no início de 1970. Confiante na sabedoria de sua abordagem, a GM permaneceu ligada a uma competência bem desenvolvida no controle centralizado e execução de grandes volumes. Apesar disso, acabou perdendo terreno nas décadas seguintes e registrou um prejuízo recorde de US$38,7 bilhões em 2007. Como muitas empresas dominantes na era industrial, a General Motors demorou a entender que é difícil sustentar a execução grandiosa, não porque as pessoas se cansam de trabalhar duro, mas porque a mentalidade gerencial que permite a execução eficiente inibe a capacidade dos funcionários de aprender e inovar. Um foco em fazer benfeito elimina a experimentação e reflexão vital para o sucesso sustentável." Veja Amy Edmondson, "The Competitive Imperative of Learning", *Harvard Business Review*, julho de 2008.

12. Professora Lynda Applegate, Harvard Business School, entrevistada pelo autor, 5 de maio de 2011.

13. Shikhar Ghosh, fundador e ex-CEO da Open Market, entrevistado pelo autor, 9 de maio de 2011.

14. Robert Higgins, cofundador e sócio geral, Highland Capital Partners, entrevistado pelo autor, 18 de maio de 2011.

15. Entrevista com Ghosh, 9 de maio de 2011.

16. Lao-tzu, *Tao Te Ching* (Nova York: Harper Perennial, 2009), passagem 77.

17. Veja Chernow, *Titan*, 130.

18. Joseph Wall, *Andrew Carnegie* (Pittsburgh: University of Pennsylvania Press, 1989), 342.

19. Professor Howard Stevenson, entrevistado pelo autor, 3 de maio de 2011.

20. O Almirante Hyman Rickover deu ao Presidente Kennedy uma placa com esta oração gravada, que o presidente mantinha em sua mesa no Salão Oval. Rickover tinha dado placas semelhantes aos comandantes de novos submarinos sob seu comando. Gerhard Peters e John T. Woolley, The American Presidency Project, http://www.presidency.ucsb.edu/ws/?pid=9234.

CAPÍTULO 5

1. Robert Nozick, *Anarchy, State, and Utopia* (Nova York: Basic Books, 1977), 163.

2. William H. Whyte, *The Organization Man* (Filadélfia: University of Pennsylvania Press, 2002).

3. Linda A. Hill, Jennifer M. Suesse e Mara Willard, "Franco Bernabe at ENI (A)", caso 9-498-434, vídeo (Boston: Harvard Business School, 2002).

4. M. Forster, T. Ploughman e B. McDonald, "Commonality in Codes of Ethics", working paper, University of Notre Dame, 2008.

5. Bill Gates, entrevista a David Allison, National Museum of American History, 1995, http://americanhistory.si.edu/collections/comphist/gates.htm.

6. Catherine Arnst, "IBM: A Work in Progress", *BusinessWeek*, 9 de agosto 1993.

7. Lynn Paine, Rohit Deshpandé, Joshua D. Margolis e Kim Eric Batcher, "Up to Code? Does Your Company's Conduct Meet World-Class Standards?", *Harvard Business Review*, dezembro de 2005.

8. Comunicação confidencial, outono, 2012.

9. Louis D. Brandeis, "What Publicity Can Do", *Harper's Weekly*, 20 de dezembro de 1913, 10.

10. Christopher Michel, diretor da Nautilus Ventures, fundador da Affinity Labs, entrevistado pelo autor, 8 de março de 2011.

11. Existe uma rica, extensa e complexa literatura sobre este tema. Uma boa visão geral, que se baseia no trabalho de um dos pioneiros no desenvolvimento dessa perspectiva, é D. Campbell (ed.), *The Relational Theory of Contract: Selected Works of Ian Macneil* (Londres: Sweet & Maxwell, 2001).

12. Elliot Schrage, declaração preparada para audiência "The Internet in China: A Tool for Freedom or Suppression?", Committee on International Relations, U.S. House of Representatives, 15 de fevereiro de 2006.

13. Clayton Christensen, uma autoridade em matéria de concorrência e inovação, concluiu que muitos esforços de inovação começam na direção errada e são corrigidos pelas forças de mercado, em condições de recursos limitados. "How Hard Times Can Drive Innovation", *The Wall Street Journal*, 15 de dezembro de 2008.

14. Sarika Bansal, "The Power of Failure", *The New York Times*, 28 de novembro de 2012, http://opinionator.blogs.nytimes.com/2012/11/28/the-power-of-failure-2/.

15. Janet Kraus, cofundadora da Circles, entrevistada pelo autor, 18 de maio de 2011.

16. Veja Baruch Lev, "How to Win Investors Over", *Harvard Business Review*, novembro de 2011. Michael Jensen, há três décadas, uma autoridade muito respeitada nos mercados financeiros e de administração, disse: "Os gerentes acham que têm de se envolver neste jogo, pois, caso contrário, os mercados de capitais irão ignorá-los e seus valores entrarão em colapso. Mas acho que o contrário é verdadeiro. Se eles parassem de orientar os lucros e iniciassem um diálogo mais estratégico e substancial com os investidores, se veriam com uma base de acionistas mais sofisticada e, provavelmente, mais leal." "U.S. Corporate Governance: Accomplishments and Failings: A Discussion with Michael Jensen and

Robert Monks", in: Donald H. Chew e Stuart L. Gillan (eds.), *U.S. Corporate Governance* (Nova York: Columbia University Press, 2009), p. 68.

17. Comunicação pessoal com Ed Zschau, 7 de outubro de 2012.

18. Rob Goffee e Gareth Jones, "Leading Clever People", *Harvard Business Review*, março de 2007.

19. Veja Teresa Amabile e Steven Kramer, *The Progress Principle* (Boston: Harvard Business Press, 2011).

20. Warren Buffett, apresentação aos empregados do Salomon Brothers, 26 de agosto de 1991.

21. Muhammad Ali e Hana Yasmeen Ali, *The Soul of a Butterfly: Reflections on Life's Journey* (Nova York: Simon & Schuster, 2004), 72.

22. New York Financial Writers Association, comentários preparados pelo procurador dos Estados Unidos, Preet Bharara, 6 de junho de 2011, CUNY School of Journalism, Nova York.

CAPÍTULO 6

1. Comunicação pessoal com Daniel Callahan, 11 de outubro de 2011.

2. Jó 14:1–2, como citado em Robert Alter, *The Wisdom Books: Job, Proverbs, and Ecclesiastes: A Translation with Commentary* (Nova York: Norton, 2011), 62.

3. Niccolò Machiavelli, *The Prince* (Londres: Penguin Books, 1988), 51.

4. Chester A. Barnard, *The Functions of the Executive* (Cambridge, MA: Harvard University Press, 1982), 278.

5. A declaração real, feita pelo ex-presidente da GM, Charles "Charlie Engine" Wilson, nas audiências do Senado dos Estados Unidos sobre sua nomeação para Secretário de Defesa, em 1953, foi uma resposta a uma pergunta que indagava se, nessa posição, ele poderia tomar uma decisão que prejudicasse a General Motors. Wilson afirmou: "Não posso conceber uma decisão assim, porque há anos eu pensava que o bom para nosso país era bom para a General Motors e vice-versa. Não existia a diferença. Nossa empresa é muito grande e acompanha o bem-estar do país." Veja http://www.freep.com/article/20080914/BUSINESS01/809140308/ GM-s-Engine-Charlie-Wilson-learned-live-misquote.

6. M. A. Rosanoff, "Edison in His Laboratory", *Harper's Bazaar*, setembro de 1932, 402.

7. Albert Camus, *The Myth of Sisyphus and Other Essays* (Nova York: Vintage, 1991), 123.

8. T. Gary Rogers, cofundador, Dreyer's Grand Ice Cream, entrevistado pelo autor, 18 de maio de 2011.

9. Aristóteles, *Nicomachean Ethics* (Cambridge, MA: Harvard University Press, 2003), 39.

10. Christopher A. Bartlett, "Ideal Standard France: Pat Paterson", vídeo, número do produto 883512-VID-ENG (Boston: Harvard Business School, 1982).

11. William James, *Is Life Worth Living?* (Filadélfia: S. Burns Weston, 1896), 32.

12. Os comentários dos empreededores são de trechos confidenciais de entrevistas com eles. Noam Wasserman, *The Founder's Dilemmas* (Princeton, NJ: Princeton University Press, 2012), 12-35, fornece uma valiosa análise quantitativa sobre as motivações dos empreendedores.

13. Steve Jobs, "Apple's One-Dollar-a-Year Man", *Fortune*, 24 de janeiro de 2000.

14. Entrevista com Rogers.

15. Henry David Thoreau, *Walden* (Nova York: New American Library, 1960), 66.

ÍNDICE

Affinity Labs, 103
Alemanha, 97, 125
Ali, Muhammad, 116
ambição intelectual, 42-44
Apple, 38
Applegate, Lynda, 82
Aravind Eye Hospital, 58–59
Aristóteles, 41, 64, 86, 130, 135
AT&T, 124
Atomic Energy Commission, 65

Banco Mundial, 106
Baring Brothers, 114
Barnard, Chester, 124
Bear Stearns, 129
Bharara, Preet, 117
Bilhões de empreendedores (Khanna), 22
BMW, 27
BP, 22, 54
Brandeis, Louis, 102
Brecht, Bertolt, 5, 32
Budismo, 86

Buffett, Warren, 24, 113–114, 115
Burke, James, 7, 10
Burns, James MacGregor, 96, 97
Busgang, Jeff, 40

Callahan, Daniel, 122
Camus, Albert, 129, 130, 133
capacidades, competir em, 36-37
capitalismo, 9, 11, 13, 18, 28, 32, 57, 94, 97, 99
capitalistas de risco, 61, 61-62, 81, 109, 142
Carnegie, Andrew, 70, 88–89
Chandler, Alfred, 26, 28
Chanel, Gabrielle ("Coco"), 42–43
China, 32, 43, 86, 104
Churchill, Winston, 97
círculos, 107
Cisco, 104
Citibank, 22
Citigroup, 52

Clarke, Sir Arthur, 22
Clausewitz, Carl von, 80
clientes, concorrência pelos, 33
Coca-Cola, 27
Columbia Medical School, 75
competição, 4, 36-37
compromissos
    CEOs e profissionais do meio e, 53
    condições em evolução e, 77-80
    conselhos de administração
    empreendedores e, 11, 142
    equilíbrio de poder entre
    explosão do conhecimento e
    questões complexas enfrentadas por, 75, 122
    luta e, 123, 129, 132-133, 135
    problemas financeiros e, 52, 54
    responsabilidades individuais e, 25
    responsabilização com base no mercado e, 59-60
    responsabilização vertical e, 15, 47, 50, 52, 73, 75
    ritmo acelerado de mudança e complexidade dos mercados e, 5, 15
coragem, 17, 86, 89-90, 117-118
coragem gerencial, 17
crise de contaminação do Tylenol, 7, 106
crise econômica mundial, 32, 50, 75, 85, 114
curiosidade e ambição intelectual, 42-44

Daimler-Benz, 25
Death of a Salesman (Miller), 126
decisões críticas, tomada de. *Veja* tomada de decisão
declarações de valores corporativos, 5
Deutsche Bank, 25

Diretores. *Veja* conselhos de administração
Dreyer's Grand Ice Cream, 130, 134
Drucker, Peter, 71
Durant, William Crapo ("Billy"), 70

Edison, Thomas A., 128
empreendedores
    abordagem de tomada de decisão dos, 76, 86-87
    entrevistas de, 141–143
    lições extraídas da experiência de, 5-6
    liderança responsável e, 7-8
    luta e, 133-134
    responsabilização com base no mercado e, 57-58
    Schumpeter em, 9
Enron, 50, 93
Estratégia competitiva (Porter), 72–73
ética e questões éticas
    compromissos dos líderes e, 79, 113, 115, 122
    declarações genéricas de, 98
    empresas empreendedoras e, 57
    inovação e, 54, 114, 115
    líderes responsáveis e, 11, 23
    limites claros e, 95, 113-117, 118
    modularização das questões e, 31, 32
    pressões sobre os líderes e, 4, 5, 11, 113, 114
    responsabilização com base no mercado e, 33, 56, 57
    valores essenciais e, 94-95, 101, 102
Fairchild Semiconductor, 38
fé, na tomada de decisão, 82–84
FedEx, 140
filosofia moral, 5
Flybridge Capital Partners, 40
fogueira das vaidades, A (Wolfe), 85

Ford Motor Company, 62, 70
Ford, Henry, 62, 70
Fortune 500, 22
funções do executivo, As (Barnard), 125
fundamentos, 21-44
    ambição intelectual e, 42-44
    busca dos, 23-24
    complexidade dos mercados e, 32-38
    desenvolvimento de responsabilidades individuais e, 23–25
    era das grandes máquinas e, 25-28
    honestidade intelectual e, 38-42
    modularização das questões e, 29-32
    pergunta permanente sobre, 13
    recombinação de recursos orientada para o mercado e, 28
    resposta emergente sobre, 15

Gates, Bill, 98–99
GE (General Electric), 29
Generation Investment Management, 58
Gerstner, Lou, 99
Ghosh, Shikhar, 83, 84
globalização, 7, 18, 29, 34, 49, 98, 113
GM (General Motors), 10, 22, 25, 46, 70, 73, 96, 125, 140
Google, 104
Grove, Andy, 77

Halliburton, 37
Hammarskjöld, Dag, 3, 14
Harvard Business Review, 109
Harvard Business School, 12, 141
Hewlett-Packard, 64
Hewlett, Bill, 64
Higgins, Robert, 83

Highland Capital Partners, 83
Holmes, Oliver Wendell Jr., 42
honestidade, 38-42
honestidade intelectual, 38-42
Hudson Motor Company, 27
humildade, na tomada de decisões, 85, 87

IBM, 10, 25, 27, 36, 42, 49, 59–60, 70, 74, 96, 99, 109, 129
Ilíada (Homero), 17
Império Romano, 45, 46, 101
Índia, 32, 58–59
Inovação
    desafios da, 22
    mundo recombinante e, 54, 56-57, 128, 129
    questões éticas e 54, 114, 115
    regulamentação e, 54, 122
Intel, 38, 77
ISI Emerging Markets, 79

J&J (Johnson & Johnson), 7, 10, 107
James, William, 132
Japão, 49, 74, 97, 114, 125
Jensen, Michael, 79–80
Jobs, Steve, 8
jogo "Snakes and Ladders", 21
Júlio César (Shakespeare), 24

Kelleher, Herb, 77
Kennedy, John F., 3
Kraus, Janet, 107

Lehman Brothers, 129
Lei Sarbanes-Oxley, 51-52
liderança
    contexto histórico da, 18-19
    diário e perspectiva de Hammarskjöld sobre, 3

empreendedores e lições sobre, 5-6, 7-8
grandes empresas consolidadas e, 7
razões para escolher, 16-17
Veja também liderança responsável
liderança responsável
   abordagem conceitual para o estudo de, 12-13, 139-141
   abordagem empírica para o estudo, 12, 141-143
   capitalismo e, 11-12
   coragem gerencial e, 17
   empreendedores e lições sobre, 5-6, 7-8
   luta de, 122-124, 127-128. *Veja também* liderança
   modelo clássico do estadista industrial e, 10
   mundo voltada para o mercado e, 8-9, 11, 12, 19
   necessidade de nova visão para, 10-11
   orientação para enfrentar os desafios de, 5
   perguntas permanentes feitas sobre, 13-14, 136-137
   respostas emergentes sobre, 15-17
líderes transacionais, 96-97
líderes transformadores, 96, 97
Lilienthal, David, 65–66
limites claros, na ética, 95, 113-117, 118
Liston, Sonny, 116
luta, 121-137
   alcançar o apogeu na, 132-135
   aspecto do trabalho árduo da, 16, 128-129
   como uma "boa luta", 127-128
   compromissos e, 123, 129, 132-133, 135
   contexto histórico da, 18-19
   coragem gerencial e, 17
   desafio físico da, 122
   desafios de um mundo orientado para o mercado e, 5, 121-122
   exigências da, 121-122
   finalidade da, 132-133
   liderança responsável e, 16, 122–124, 127–128
   pergunta permanente sobre, 14
   perspectiva global sobre, 18
   responsabilidades conflitantes e, 125-126
   responsabilização com base no mercado e, 61-64
   resposta emergente sobre, 16-17
   tomada de decisão e, 91
   valores essenciais e, 117-118

Macbeth (Shakespeare), 123-124
Magnuson Computer Systems, 27
Mao Zedong, 97
Maquiavel, Nicolau, 123, 133
Markings (Hammarskjöld), 3
Marx, Karl, 9
Matsushita Electric, 10
Matsushita, Konosuke, 10, 96
Meckling, William, 79–80
mercados
   como força dinâmica e poderosa, 3-4
   complexidade dos, 22, 32-33
   concorrência para os clientes nos, 33
   grandes máquinas, grandes empresas e controle sobre, 26-27
   impacto da recombinação de recursos orientada para o mercado e, 28
   influência governamental sobre, 36-37

liderança responsável e, 4
modularização das questões e, 29-32
ritmo rápido de mudança nos, 5
valores essenciais e poder dos, 93-94
mercados globais, 8, 10, 16, 33, 36, 37, 53, 54, 55
Michel, Christopher, 103
Microsoft, 98
Miller, Arthur, 126
mito de Sísifo, 122, 123, 127-129, 130, 133
"mito de Sísifo, O" (Camus), 130, 133
modularização, 29-32
Mueller, Gary, 79
mundo direcionado pelo mercado
   características que definem, 8
   liderança responsável e enfoque no, 8-9, 19
   luta e desafio do, 4-5, 121-122
   Marx sobre, 9
   mercados poderosos em, 8, 9
   recombinação contínua no, 8, 9
   Schumpeter sobre, 9

Nações Unidas, 3, 60
Nautilus Ventures, 103
New Century Financial Corporation, 53–54
Nietzsche, Friedrich, 40
Nozick, Robert, 94
Nuance Corporation, 75

Odisseia (Homero), 17
Organizações com base no conhecimento, 74-75, 80, 81
organizações florescentes, 64–67
Organization Man, The (White), 126

Packard, David, 64
Panasonic, 27, 96

Philips, 25
Porter, Michael, 72–73
Procter & Gamble, 36
projetos significativos, 95, 108-112

questões econômicas
   crise econômica mundial e, 32, 50, 51-52
   títulos lastreados em hipotecas e, 31, 53-54
   recombinação
   compromisso e, 32, 77, 78, 79, 80, 82, 112
   debate sobre responsabilização e, 49-50, 52, 57, 63
   empreendedores e, 35, 58, 59, 63
   empresas de conhecimento e, 74
   inovação e, 54, 56–57, 128, 129
   líderes e os desafios da, 10, 15, 16, 16, 19, 32, 38, 43, 64, 66, 74, 90, 121, 122
   mundo voltada para o mercado e, 8-9, 28-29, 63, 122
   poder dos executivos e, 53
   Schumpeter sobre, 9, 28

regulamentação
   crise financeira e, 51-52
   empresas empreendedoras e, 7, 57, 107
   equilíbrio de poder entre os CEOs e profissionais do ramo e, 53
   gigantes industriais do passado e, 27, 126
   influência das empresas sobre, 36, 38, 53, 54, 102, 105
   inovações e cobertura da, 54, 54, 122
   líderes responsáveis e, 67, 117

responsabilização com base no mercado e, 54
responsabilização vertical e, 47, 50, 73
ritmo acelerado de mudança e complexidade dos mercados e, 5, 15, 41, 122
transparência e, 118
regulamentação governamental. *Veja* regulamentação
responsabilização, 45–67
   com base no mercado, abordagem horizontal, 54-64
   hierarquia e abordagem vertical para, 46-54
   necessidade de transparência sobre, 45-46
   organizações florescentes e, 64-67
   pergunta permanente sobre, 13
   resposta emergente sobre, 15-16
responsabilização com base no mercado, 54-64
responsabilização horizontal com base no mercado, 54–64
responsabilização vertical, 46-54
Revolução Industrial, 26
Rock, Arthur, 38–39
Rockefeller, John D., 77, 88, 89
Rogers, Daniel, 30
Rogers, Gary, 130, 134
Roosevelt, Franklin D., 97

Sahlman, William, 41
Salomon Brothers, 113–114, 115
Schumpeter, Joseph, 9, 56
Selznick, James, 96, 97
setor bancário, complexidade do, 33–34
Shakespeare, William, 11, 24, 124
Shell, 25
significado, empresas, 37-39
Sloan, Alfred, 10, 70, 96
Smith, Adam, 28, 32
Sony, 25
Southwest Airlines, 77
Standard Oil, 88
Stevenson, Howard, 89

talento, mercado para, 34-35
Tao Te Ching (Lao Tzu), 86
Taoísmo, 86
Tennessee Valley Authority, 65
Thoreau, Henry David, 135
títulos lastreados em hipotecas, 31, 53-54
tomada de decisão, 69–91
   abordagem da "grande fábrica" para, 70-74
   chegar ao "próximo passo certo" na, 80-82
   condições e compromissos em evolução na, 77-80
   coragem de tomar "decisões ruins" na, 89-90
   empreendedores e, 76, 86–87
   fé na, 82-84
   grandes empresas industriais e, 69-70
   humildade na, 85, 87
   organizações com base no conhecimento e, 74-75, 80, 81
   pergunta permanente sobre, 13–14
   resposta emergente sobre, 16
   seguro contra a ignorância na, 87-88
Toyota, 22, 38, 54
transparência sobre valores essenciais, 94-95, 102-108, 117-118

U.S. Steel, 88, 140
União Soviética, 30
USAID, 59

valores. *Veja* fundamentos; valores essenciais
valores corporativos. *Veja* valores essenciais
valores de consenso, 101
valores essenciais, 93-118
   abordagem tradicional das organizações para, 97-98
   distinção líder/gerente em, 99-100
   importância da, 93–94
   líderes transacionais e, 96-97
   líderes transformadores e, 96-97
   limites éticos claros e, 95, 113-117, 118
   luta de líderes e, 117-118
   mercados e, 94
   pergunta permanente sobre, 14

   projetos significativos e, 95, 108-112
   resposta emergente sobre, 16
   transparência sobre, 94-95, 102-108, 117-118
   valores de consenso diferenciados de, 101
Visible Hand, The (Chandler), 26

Watson, Thomas, Jr., 10, 49, 96
Weber, Max, 27
White, William, 126
Whole Foods, 101
Wolfe, Tom, 85
Wren, Sir Christopher, 96

Xerox, 8
Yahoo!, 104
Zschau, Ed, 109

Impresso nas oficinas da
SERMOGRAF - ARTES GRÁFICAS E EDITORA LTDA.
Rua São Sebastião, 199 - Petrópolis - RJ
Tel.: (24)2237-3769